잠깐 스트레스 좀
풀고 올게요

잠깐 스트레스 좀 풀고 올게요

스트레스에 노출된
당신을 위한
5단계 처방전

유혜리 지음

이담북스

스트레스로부터 자유로운 사람이 있을까? 누구나 스트레스 관리를 제대로 하고 싶어 한다. 이 책은 스트레스를 관리하고 싶은 이들에게 쉬운 사례로 이해시키고 생활 속에서 활용할 수 있는 꿀팁을 소개해 준다. 점점 스트레스가 많아지는 세상에 한 줄기 행복의 빛이 비치기를 바라는 모든 이에게 이 책을 추천한다.

― 한국스트레스교육협회 협회장 **박정우**

스트레스 만렙 시대, 생활 스트레스 대처와 활용을 위한 세세한 지침서. 복잡다단한 현대인의 삶 가운데 상존할 수밖에 없는 스트레스를 어떻게 동반자로 받아들이고, 오히려 이를 이용해 더 풍요로운 삶을 열어갈지를 쉬운 언어로 풀어냈다. 저자의 삶에서 길어낸 내용은 이론에만 머무르지 않고 실제적이다. 독자들의 삶에도 요긴하게 적용될 수 있을 것이다.

― 기록과미래연구소 대표 / 『어른의 홀로서기』, 『기록형 인간』 저자 **이찬영**

직장생활 중 느끼는 피로감은 일 때문이 아니라 대부분 관계에서 비롯된다. 직장은 친목 단체가 아니기 때문에 스트레스를 받아도 쉽게 끊어낼 수 없고, 스트레스를 주는 당사자가 상사일 경우에는 무시할 수도 없다. 이러한 상황이 반복되면서 회사는 점점 더 머물기 싫은 곳이 되며, 일은 더욱 하기 싫어진다. '일을 통한 자아실현' 이러한 고매한 감정 따위는 나와는 상관없는 일이 되고 만다. 이 책은 일터에서 나와는 다른 사람과의 관계, 차이를 생각하고, 나를 온전히 살필 수 있을까를 생각할 수 있는 좋은 시작이다.

– 교육학 박사, 연세대학교 교육연구소 전문연구원 **이수용**

저자가 치열하게 강의하는 모습을 10년 넘게 지켜봤다. 머리를 쥐어짜며 강의 준비를 하였고 그 과정을 힘들어했으나 즐기는 것 같았다. 강의가 끝난 후의 희열과 평가가 보상되었기에 지금도 지치지 않고 일하고 있다. 스트레스를 직접 겪었으니 누구보다 더 잘 알고 있다. 스트레스를 어떻게 받아들이고 내 것으로 만들 것인가에 대한 해답도 찾았기에, 독자 여러분과 나누고자 하는 것이다. 스트레스 없이는 살 수 없으니 친구삼아 지내는 방법을 이 책에서 찾아보시기 바란다.

– 선거관리위원회 상임위원 **이용섭**

5단계 | 스트레스를 피할 수 없다면 즐기자!

전 세계 사람들이 이전의 어떤 경험보다 힘들고, 가슴 아픈 상황들과 접하게 되었다. 물론 전쟁이나 혁명 등 직접 경험하지 못한 시기도 있으므로 제대로 된 비교가 아닐 수 있다. 하지만 확실한 것은 너무나 답답하고 암울한 상황이 계속 펼쳐지고 있다는 것이다.

내가 하는 일의 특성상 사람들과 만나 직접 소통하며 대면하는 생활을 해왔는데 그럴 수 없었다. 일이 없다는 것은 경제적인 문제도 가져온다. 거기다 자신의 실체가 없어지고 무너지는 듯한 느낌이 들기도 한다. 다양한 스트레스가 눈만 뜨면 저절로 발생하고 있는 상황이다. 어른들만 힘든 상황은 아니다. 아이들도 힘들어한다. 함께 모여 재잘거리고 뛰어놀며 성장해야 하는데 그 현장이 무너졌다. 또래와 어울리는 그 소중한 시간을 뺏긴 느낌일 것이다. 캠퍼스의 낭만을 느끼지 못한 신입생들도 가득하다. 그들에겐 이 시기가 어떠한 생각을 남기고 어떤 스트레스로 다가올지 그 또한 염려되었다.

가족 간의 시간이 길어질수록 긍정적 측면보다 여기저기 힘들다는 부정의 소리가 들려온다. 나 또한 그러하다. 사춘기 아이와의 갈등이 최고조에 이르는 경험도 하였다. 그 상황이 슬프게 느껴질 때가 많다.

'한두 달이면 끝나겠지.'라고 생각했던 시간이 하염없이 길어졌다. 물론 온라인을 이용한 만남도 있지만 지인들과의 직접적 만남이 줄어드니 사람 좋아하는 나는 너무 힘들었다. 예정된 끝이 보이지 않았다. 더디지만 조금씩 회복되는 듯한 상황도 있지만, 그 끝이 올까 하는 의심에 희망이 멀게만 느껴지곤 했다. 이전으로 돌아가는 것은 어려울 수 있다는 전문가들의 말이 실감되는 현실에 마음이 아팠다. 상황에 따른 차이가 있겠지만, 앞이 보이지 않는 안개 속을 걷는 기분이었다. 적어도 나와 주변 사람 대다수가 똑같이 느끼고 있었다.

"좋겠다. 당신은 일해서…."
코로나19 상황으로 남편이 재택근무를 하게 되어 집에서 일하는 중이었다. 일하는 뒷모습을 보며 나도 모르게 한숨이 나오며 튀어나왔던 말이다.
'와, 좋으시겠다. 겁나 바빠서….'
친한 선배와 오랜만에 통화를 했다. "나 ○○일까지 겁나 바빠. 그 날 이후로 연락하자."라는 대화로 통화가 끝났다. 전화기를 내려놓으며 저절로 나왔던 혼잣말이다. 바쁜 일이 어떤 일인지도 몰랐지만 마음속 부러움이 나도 모르게 표현된 것이다.

이런 속마음이 나의 상태를 이야기해 주는 것 같다. '코로나19' 이전이라면 바쁘게 여기저기 다니며 강의하고, 모임들 속에서 지냈을 텐데…. 너무나 달라진 상황 속 스트레스가 고스란히 담긴 마음이었다. 이건 나의 경우이다. 물론 이 상황으로 인해 좋은 기회를 갖게 된 분들도 많이 계실 수 있다. 하지만 대다수가 다양한 이유로 어려운 상황에 직면했다. 그것이 스트레스가 되고, '코로나 블루'라 불리는 우울로 힘들어하는 것이 현실이었다.

누구나 마음속에 저마다의 상처가 있을 것이다. 나 역시 지금도 떠오르는 몇 가지 슬픔이 있다. 2년 전 존경하는 분의 위암 소식이 큰 놀람과 슬픔을 가져왔다. 길지 않은 투병 생활 후 하늘나라로 가셨을 때의 아픔이 지금도 마음 한 켠을 저리게 한다. 바쁜 일정과 여러 일로 건강검진도 놓치셨다고 들었다. 내가 상상할 수 없는, 말 못 하는 스트레스가 많으셨을 것이라 짐작되니 더 슬프다.

모임에서 만났던 후배가 암 소식을 전해왔다. 담담하게 전해온 문자 메시지를 보니 더 마음이 아팠다. 누구보다 열심히 본인의 일에 열정을 가지고 노력하며 사는 멋진 친구다. 그래서 더 속상했다. 수술 후 여러 번의 항암 치료를 진행해야 한다고 했다. 그중 6번의 치료를 마치고 얼마 전 너무 귀한 만남을 했다. "너무 스트레스가 많았고 그걸 감당하기 위해 할 수 있는 최대의 노력을 하며 달려온 거 같아요. 저 자신을 돌보지 못해서 병이 생겼나 봐요. 언니는 너무 애쓰지 말고 많이 웃으며 지내요." 그녀의 진심 어린 이야기에 무조건 그러겠다고 했다.

12년 전, 고등학교에서 기간제 교사를 했던 시절이 있다. 교과 수업과 함께 학적 업무를 맡았는데 3, 4월 유난히 전학과 자퇴 등 처리해야 할 일이 많았었다. 수업을 들어갔던 반의 학생이 쉬는 시간 교무실 창문을 살짝 열고 "선생님." 하고 노크를 해왔다. 그날도 쉬지도 못하고 처리할 업무가 많아 반겨줄 여유가 없었다. "응, 선생님, 너무 바쁜데 급한 일 아니면 점심시간에 올래?" 그 학생을 쳐다보지도 못한 채 대답해 주었다. 점심 식사 후 동료 교사들과 차를 한잔하며 이야기하느라 교무실에 천천히 들어갔던 것 같다. 사실 그 학생이 왔었는지 신경조차 쓰지 못했었다. 이튿날 다시 한번 찾아왔는데 그날도 상황이 똑같았다.

　며칠 후 그 학생에게 좋지 않은 일이 생겼다. 그 소식을 듣고 너무 가슴 아팠다. 나의 행동에 큰 후회가 가득했다. 상황이 아무리 바빴더라도 그 학생의 이야기를 들어주었어야 한다. 후회와 자책으로 한동안 힘들었다. 이런 일련의 사건들이 종류는 다르더라도 스트레스로 다가왔다. 물론 스트레스가 되는 일들이 이것뿐이겠는가? 누구나 자신의 이야기보따리를 풀면 저마다의 스트레스 사건들이 가득할 것이다. "사람은 누구나 행복을 위해 살아간다." 이 말을 반박할 의견은 거의 없다고 본다. 그렇기에 자신의 행복을 위해 스트레스를 제대로 알고 관리해야 한다. 그리고 스트레스에 대한 선입견을 버리는 일이 매우 중요하다. 이 책에서 풀어나가는 이야기들이 바로 그것이다.

　여러 상황이 많은 스트레스로 다가올 수 있다. 나 역시 그렇다. 다행히 이 책의 내용을 읽어나가는 것이 어느 정도 도움이 되었다. 스트레스를 완벽하게 해결하는 것은 불가능하다. 누군가 "제가 당신의 스트레스를 제로로 만들어 드리겠습니다."라고 한다면 바로 "그 사람은 사기꾼이에요."라고 말하고 싶다. 그만큼 스트레스가 제로인 상태는 거의 불가능하며 오히려 역효과가 날 수 있다. 스트레스는 조금씩 줄여나가야 한다. 그리고 긍정적인 방향으로 전환시켜 자신에게 도움이 되게 하는 것이 현명하다. 이전에 나쁜 감정으로 만났던 스트레스를 좀 더 긍정의 감정으로 만나면 된다. 부디 여러분들이 이 책을 읽고 그런 점을 느꼈으면 하는 것이 나의 작은 바람이다.

2021년 봄
저자 유혜리

5단계

4단계

3단계

2단계

1단계

스트레스, 얼마나 알고 계신가요

스트레스를
내가 만든다고?

"스트레스의 원인은 사건 자체가 아닌 사건에 대한 반응이다."라는 글을 본 적이 있다. 처음엔 잘 이해되지 않았다. 스트레스를 사건과 반응으로 나누어 생각해본 적이 아예 없었기 때문이다. 아마 대부분 그러리라 생각된다. 하지만 스트레스를 제대로 이해하기 위해 아주 중요한 부분임을 알았다.

스트레스가 발생한 상황에서 '아, 잘못 걸렸다. 운도 없네.' '지금 아니면 이렇지는 않을 텐데.' '왜 하필 나에게….' 같은 생각을 했던 적이 있을 것이다. 대부분 스트레스 상황이 외부에서 발생하는 것이지 자기로부터의 원인은 없다고 생각하기 때문이다. 다른 사람이나 주변 환경 등이 스트레스를 가져온다고 확신한다. 그리고 그런 사람이나 환경, 사건만 아니면 스트레스 없이 편안한 상태일 거라 믿는다. 하지만 정작 외부 요인보다 스스로 사건을 받아들이는 반응이 스트레스의 원인이 될 때가 많다.

　얼마 전 친한 동생과 식사를 하러 갔다. 뭘 먹을까 고민하다 둘 다 처음인 식당으로 향했다. 개업한 지 1년 정도 된 곳이었고, 주차장에는 항상 어느 정도 차가 있었다. 미루어 짐작할 때 맛도 괜찮을 듯했다. 해장국과 탕 종류를 파는데 그날도 홀 안은 식사하는 손님이 많았다. 그런데 문을 열고 들어선 순간 동생과 나는 '헉' 하며 깜짝 놀랐다. 순간 표정이 둘 다 굳어졌지만, 일단 빈자리에 앉았다. 손님이 많아 바로 주문을 받으러 오지 않으셨다. 우린 서로 눈치를 보며 "너도?"라고 물으니 "응, 언니 이건 너무 심해."라고 대답했다. "우리 나갈까?" "응, 나가자 언니." 하며 바로 일어섰다. 나오는 길에 주문하러 오시던 직원분과 마주쳤다. "죄송한데, 저희 그냥 갈게요."라고 말하는데 직원분 표정은 '아니, 왜?' 하는 의아한 표정이었다.

　원인은 참기 힘든 엄청난 냄새였다. 우리에겐 그 식당이 매우 불쾌한 경험의 장소가 되었다. 그런데 당시 식사하던 다른 손님들의 모습은 달랐다. 우리와 다른 세상 사람 같았다. 화기애애한 모습으로 맛있는 식사를 할 만한 충분한 장소로 보였다.

　우리는 일단 맞은편에 있는 다른 식당에 들어갔다. 자리에 앉은 두 사람 모두 머리가 아팠다. 먼저 갔던 식당의 이상한 냄새가 계속되었다. 탕 종류의 고기, 뼈 등의 잡냄새 때문인 듯했다. 한 번도 경험하지 못한 냄새였고 역겨울 정도였다. 그곳에 약 3분 정도 머물렀던 것인데 다른 곳에서 식사하는 내내 두통이 계속되었다. 더구나 동생은 비위가 약한 편이라 더 힘들어했다. 다시는 생각하기도 싫은 이상한 식당이라고 말했다. 비위가 강한 편인 나도 힘들 정도였으니 말이다. 그 일로 그 식당은 아주 불쾌한 스트레스 현장이 되었다. 우리가 겪었던 반응이 그렇게 만들었다.

한편 그곳에서 식사하던 다른 사람들은 그 냄새가 안 났을까? 어떻게 거기서 밥을 먹을까 하는 의문이 들었다. 같은 원인에도 불구하고 너무나 다른 반응이었다. 그곳은 그들에게 전혀 스트레스의 현장이 아닌 듯 여겨졌다. 우리같이 심한 냄새의 경험을 한 사람은 우연히 그 앞을 지나가도 불쾌함과 머리 아픔이 되새겨질 것이다. 그리고 "저 식당은 정말 고약한 냄새가 났던 아주 불쾌한 식당이야! 정말 짜증 나!" 라고 말할 것이다.

그런데 어느 정도 시간이 흐른 뒤 문득, '혹시 우리가 방문했던 그 때 잠깐 났던 냄새가 아닐까? 가스 냄새와 고기, 뼈 등의 냄새가 섞여 그때만 그랬을 수도 있겠네?' 등 여러 가지 가능성이 떠올랐다. 우리를 제외하고 남녀노소 맛있게 식사하던 손님들의 모습이 기억났다. 뒤이어 방문하는 손님도 있었다. 우리처럼 빨리 나오는 모습은 볼 수 없었다. 그렇다면 우리가 맡았던 그 냄새 자체는 스트레스의 원인이 아닐 수 있다고 판단했다. 나와 동생이 경험한 역겨움과 두통, 매스꺼움 등의 반응 자체가 바로 스트레스의 원인이 된다는 것이다.

생활 속 사소한 일도 그 상황을 어떻게 받아들이는지가 중요하다. 반응도 각기 다를 것이다. 그에 따라 스트레스 여부가 달라진다. 그 냄새를 단순히 해장국집의 냄새로 생각한 사람은 즐거운 식사를 할 것이다. 이렇게 일상 속 경험에서 각자의 반응과 선택이 자신이 느끼는 스트레스에 영향을 준다. 따라서 자신이 어떤 스트레스를 만들고 있는지 일상을 세심히 살펴볼 필요가 있다.

개인차가 확연한 스트레스

일상에서 스트레스를 일으키는 자극은 너무나 다양하다. 외부, 내부, 환경 및 사람 등등 요인이 많다. 그중 가장 일반적 원인은 무엇일까? 바로 자신이다. 스트레스는 스스로 만든다. 그런데 대부분 그 사실을 모른다. 스스로 만든다는 것은 정말 안타까운 일이다. 하지만 만들기 때문에 벗어나는 방법을 찾기 쉬울 수 있다. '결자해지'란 말처럼 스스로 벗어나는 방법을 찾을 수 있어야 한다.

외부적 요인이 확실한 스트레스는 자신의 힘으로 벗어나기 쉽지 않다. 하지만 자신이 원인이 되어 발생한 스트레스는 스스로 풀어나갈 수 있다. 불편한 기억이 있다면 긍정적이고 발전 가능한 방식으로 생각을 전환해야 한다. 각자의 속도와 방법은 천차만별이다. 처음부터 하기엔 쉽지 않으므로 연습이 필요하다. 불쾌했던 기억에 대한 확고함과 유연함에도 개인차는 분명히 존재하기 때문이다.

개인적으로 내 성향은 불쾌했던 기억을 오래 두지 않는 편이다. 유연함도 조금 있다고 생각한다. 지금까지의 여러 경험상 그러하다. 그리고 음식에 대한 거부감은 남들보다 확실히 덜한 편이다. 시간이 흐른 뒤 가끔 그 식당 근처를 지날 때 '다시 가볼까?' 하는 생각이 들었다. 어느 날 집에 돌아가는 중 저녁 메뉴를 고민하다 마침 그 식당 앞을 지나게 되었다. 식사 시간이 아닌데도 여전히 주차장에는 몇 대의 차가 있었다. 과감하게 핸들을 식당으로 돌렸다. 식당 문을 열며 '또 냄새가 나면 어떡하지?' 하는 고민과 걱정도 살짝 들었다. 조금은 떨리는 마음으로 문을 열고 실내로 들어갔다.

어! 그런데 냄새가 나지 않았다. 물론 식당이니 약간의 음식 냄새는 있었다. 하지만 지난번 같은 고약하고 매스꺼운 냄새는 전혀 아니었다. 음식을 먹는 손님들의 표정도 모두 흡족해 보였다. 주문 후 포장 용기에 담겨 나오는 음식을 보며 맛에 대한 기대감도 생겼다. 내 뒤로 포장 손님, 홀 손님이 계속 들어왔다. 속으로 생각했다. '맛은 있나 보네, 근데 그날은 왜 그랬지?' 하며 집으로 돌아왔다. 냄비에 탕을 끓이고 맛을 보았을 때는 '와우', 기대 이상이었다. 생각보다 훨씬 맛있었다. 국물도 진하고, 건더기 양도 많아 만족스러운 식사였다. 나를 포함한 가족 모두 맛있게 먹었다. 그리고 이상했던 냄새도 전혀 없었다. 그 이후 나에게 그 식당은 '불쾌한 냄새의 장소'가 아닌, '탕이 맛있는 음식점'이 되었다. 다시 시도한 선택 때문에 부정의 반응이 긍정으로 변한 것이다.

얼마 후 그 동생과 식당 이야기를 하게 되었다. "언니, 나는 그 식당 얘기만 해도 아직도 머리 아파, 진짜 냄새 엄청 심했어!"라는 말에 "나, 있잖아… 거기 갔었는데…."라고 작은 소리로 말했다. "어머! 어

떻게 그 식당을 다시 들어갈 생각을 해, 나는 진짜 못 갈 것 같아."라
는 대화가 오갔다. 동생에게 음식 맛과 냄새 등에 대해 자세히 설명해
주었다. 맛있다는 말과 함께, 한 번 가보라는 이야기도 했다.

동생의 말투는 약간의 의심과 함께 "음. 그래, 기회 되면 한 번…."
이라 말했다. 동생이 그곳을 방문할지는 모르겠다. 최근까진 가지 않
은 것으로 알고 있다. 추후 방문 여부도 확실치 않다. 아직도 동생에
게 그곳은 스트레스로 가득한 장소다. 아직 받아들일 마음의 준비가
되지 않은 것 같다. 사실 굳이 다시 방문할 필요성도 없다. 그렇다면
나는 어떨까? 기회가 되면 다시 방문할 것이다. 불쾌했던 기억은 사라
지고 국물이 진하고 맛있다는 기억으로 반응이 달라졌기 때문이다.

그날 스트레스의 원인은 냄새라고 할 수 있다. 냄새가 스트레스 반
응을 가져왔기 때문이다. 그러나 냄새가 난 상황이 스트레스의 본질
적 원인이라고 할 수는 없다. 그로 인한 반응이 개인마다 다르기 때문
이다. 그날 식당에서 잘 먹고 있던 손님들, 우리가 나가는 순간 방문
하여 무리 없이 식사한 손님들만 봐도 그렇다. 불쾌하거나 나쁜 반응
이 그들에겐 나타나지 않았다. 그들에게 냄새는 스트레스의 원인이
전혀 아니었다. 원인에 대한 자신의 반응을 잘 되돌아봐야 한다.

스트레스는 스스로 만든다. 이 순간에도 다양한 스트레스를 만들고 있는 자신의 모습을 볼 수 있다. 이제 스스로 만드는 스트레스를 줄이도록 해보자. 그 속도와 방법도 각자가 만들어가는 것이다. 일상의 사건이 스트레스가 되느냐 아니냐는 각자의 생각과 반응이 결정한다. 이 책에서 이어지는 이야기를 통해 스스로 만드는 부정적 스트레스의 무게를 점점 줄여나가도록 하자.

To Think

1. 일상에서 본인 스스로 만드는 스트레스가 있다면 어떤 것이 있을까요?

2. 그 스트레스를 줄일 수 있는 자신만의 방법은 무엇이 있을까요?

3. 주변 사람이 자신만의 원인인 스트레스로 힘들어하고 있다면 어떤 조언을 해 주고 싶나요?

잠깐 스트레스 좀 풀고 올게요

무기력한 상황이
스트레스를 가져온다

독일의 정신의학자 슈퍼처는 "스트레스의 원인은 바로 통제력 상실이다."라고 말했다. 일상에서 벌어지는 사건, 사고에 대해 '내가 상황을 통제할 수 없다.'라는 생각과 관련된 문제다. 같은 상황에서 그 상황을 통제할 힘이 자신에게 있는지 없는지가 중요하다. 상황에 대한 통제가 가능하다면 스트레스 강도는 현저히 감소한다. 하지만 통제력은 개인의 노력으로 어찌할 수 없는 것들이 너무 많다. 그렇기 때문에 스스로 통제할 수 있는 문제에 관여하는 것이 현명하다. 우리는 통제할 수 없는 문제에 매달릴 때가 많은데, 그것이 필요한지 지혜롭게 고민해볼 부분이다.

통제력의 상실

누구나 자신의 의지로 할 수 있는 게 전혀 없는 상황을 경험해 보았을 것이다. 교통체증이 그렇다. 꽉 막힌 도로에서 운전하고 있는 당신을 상상해보자. 뭔가 할 수 있는 것이 전혀 없다. 초조하고 답답해지기 시작한다. 만약 출근 시간이나 중요한 약속을 앞두고 벌어지는 상황이라면 어떨까? 이때 스트레스 강도는 더 높게 다가올 것이다. 도로에 있는 그 순간 저절로 한숨이 나오며 참기 힘든 짜증과 괴로움을 느낄 것이다.

나 또한 비슷한 경험이 있다. 그날은 중요한 약속이라 시간도 체크하며 나름 여유롭게 출발했다. 편안히 출발한 지 얼마 되지 않아 길이 막히기 시작했다. '어? 왜 이러지? 사고 났나? 괜찮아지겠지….' 하며 기다리는데 도무지 속도가 나지 않았다. 예상대로 전방에 차 사고가 있었다. '그래, 이제 이 속도로 가면 괜찮을 거야.'라고 안심하며 가는데 또다시 정체되기 시작했다. '이건 또 뭐지?'라는 생각과 함께 가슴이 뛰기 시작했다. 아, 도로 공사가 있다고 누가 상상이나 했던가? 시간은 점점 흐르고 차는 멈추어 있고 식은땀이 나며 가슴이 떨리던 기억이 너무 생생하다. 이때의 스트레스 원인이 바로 통제력 상실이다.

근무하고 있던 회사에서 인원 감축 결정이 내려졌다고 하자. 바로 자신의 직책이 없어지는 결정이다. 정말 속상하고 화나는 일이다. 분하고 억울해 받아들이기 힘들 것이다. 하지만 속상해한다고 상황이 달라질까? 아마 달라지는 일은 없을 것이다. 쉽지 않겠지만 빨리 다른 회사를 알아보는 편이 적절한 행동일 수 있다.

슈피처의 《빨간 모자 소녀와 스트레스》라는 책에서 소개된 실험이 있다. 쥐를 철창에 가두고 그 바닥에 전선을 두어 전기 충격의 스트레스를 주었다. 단, 전기 충격을 주기 직전 전등에 불을 켰다. 만약 전등에 불이 들어오는 순간 쥐가 재빠르게 버튼을 눌러 전등불을 끄면 전기는 통하지 않도록 장치해 두었다. 그 바로 옆 철창에도 쥐를 한 마리 가두었다. 이 철창에는 버튼을 설치하지 않았다. 그래서 그곳의 쥐는 할 수 있는 일이 아무것도 없었다. 첫 번째 철창의 쥐가 조금이라도 늦게 반응하여 전기가 통하면, 두 번째 철창의 쥐도 전기 충격의 스트레스를 함께 받는 상황이다.

과연 둘 중 어느 쥐가 더 심한 스트레스를 받게 될까? 아마 첫 번째 쥐라고 여기는 사람이 많을 것이다. 언제 불이 들어올지 계속 신경을 써야 하고 불이 들어오면 재빨리 몸을 움직여 버튼도 눌러야 하는 등, 신경 써야 하는 것이 많아 스트레스가 심하리라 생각한다. 그런데 예상과 달리 실제 스트레스를 더 받은 쪽은 두 번째 철창 속 쥐였다고 한다. 두 번째 쥐가 받는 전기자극의 양은 첫 번째 쥐와 똑같았다. 전등이 들어왔을 때 빨리 움직여야 한다는 압박감도 없었다. 그럼에도 불구하고 두 번째 쥐의 몸에서 훨씬 많은 양의 스트레스 호르몬이 검출되었다. 위염, 당뇨, 고혈압, 암 등의 발병률도 높았다. 장기 스트레스로 인해 생기는 질병으로 사망할 확률도 훨씬 높았다.

실험을 주도한 슈피처는 이렇게 말했다. "첫 번째 쥐는 완벽하지 않더라도 어느 정도 상황을 장악했으나, 두 번째 쥐는 그렇지 못했다." 여기서 중요한 것은 전기 충격과 같은 불쾌한 경험이 아니다. 그 상황에 아무것도 할 수 없는 무기력이 핵심이다. 그 무기력이 더 많은 스트레스를 유발한 것이다. 우리도 통제력을 상실할 때 더 큰 스트레스를 받는다.

아무것도 할 수 없음이 주는 고통을 극복하자

자신의 의지와 상관없이 벌어지는 일들은 많다. 나의 노력과 의도대로 되지 않을 때도 참 많다. 인생에서 모든 것이 뜻대로 다 이루어지는 사람이 과연 얼마나 될까? 물론 아주 가끔 그런 사람도 있긴 하겠지만, 대부분의 인생은 그리 쉽게 흘러가지 않는다.

진학 시험에서 실수로 인한 불합격, 거래처와의 업무에서 되돌릴 수 없는 일로 인한 큰 손해, 급작스러운 정리해고, 자신이나 가족에게 닥친 질병, 사업의 부도 등등의 상황이 생길 수 있다. 다른 사람의 도움 없이 자신의 힘으로 아무것도 할 수 없을 때이다. 통제력을 상실한 순간이다. 상황과 사건에 대해 혼자의 힘으로 아무것도 해결할 수 없을 때이다. 이때의 심리적 고통은 상상보다 심각하게 나타날 수밖에 없다.

일자리가 없어서 '아무것도 할 수 없는' 사람들이 있다. 가난과 외로움, 고독이 주는 만성 스트레스로 고통받는 상황이다. 이와 반대의 사람들도 있다. 기업의 최고 결정권자인 경영자들은 책임감에 힘들다. 아무것도 할 수 없는 사람들에 비해 스트레스가 훨씬 더 심하리라 생각한다. 하지만 그들의 스트레스가 더 높지 않다고 한다. 우리나라 직장인 1,008명에게 '직장에서 화가 나는 순간'에 대한 설문조사를 했다.

1위는 별것 아닌데 트집 잡힐 때(47.8%), 2위는 불합리한 일을 당하고도 바꿀 수 없을 때(41.6%)라고 대답했다. 그 외에도 부당한 업무 지시, 억울함, 성과나 능력을 과소 평가받을 때 등 여러 대답이 있었다. 그중 2위로 대답한 것을 살펴보자. '불합리한 일을 당하고도 바꿀 수 없을 때'라는 대답이다. 여기서 바꿀 수 없다는 것은 바로 자신이 '상황을 통제할 수 없다'는 뜻이다. 그러기에 억울하고 화가 나며 결국 스트레스의 현장이 되는 것이다.

로버트 새폴스키의 올리브 개코원숭이 실험을 보자. 원숭이는 서열 관계가 확실하고 분명하다고 알려져 있다. 우두머리 원숭이가 서열이 낮은 원숭이들에게 권력을 행사하는 경우가 많다. 심할수록 부하 원숭이들의 스트레스 지수가 높았다. 부하 원숭이들의 혈액검사 결과 더 많은 스트레스 호르몬이 검출되었다. 더 많이 아프고, 더 빨리 사망했다. 당연한 결과다. 부하 원숭이들은 할 수 있는 일이 하나도 없었기 때문이다. 사회의 여러 지위 서열 관계에서도 존재하는 일이다. 통제력 상실의 상황이 스트레스 여부를 확실히 알게 해준다.

이런 실험도 있었다. 양로원에서 어르신들이 직접 식단 메뉴를 정하고 식물도 선택해 돌보게 하는 것이다. 이분들은 서비스만 받는 노인들보다 더 건강했다. 사망률도 절반으로 감소했다. 또 대학생들이 매주 한 번씩 찾아가 노인들의 말동무를 해주는 연구가 있었다. 노인들을 세 집단으로 나누었다. 첫 번째 집단은 대학생들이 예기치 않은 시간에 찾아온다. 두 번째 집단은 노인들이 직접 대학생의 방문 시간을 정했다. 세 번째 집단의 노인은 대학생 방문 시간을 사전에 통보받았다. 이때 첫 번째 집단보다 두 번째, 세 번째 집단 노인들의 건강 개선 효과가 좋았다. 바로 통제력과 예측 가능성 때문이다. 이런 실험들은 스트레스가 삶과 건강에 미치는 영향을 잘 보여준다.

자기 자신과 환경을 통제하고 예측할 수 있다고 생각하는 것을 '심리적 통제감'이라고 한다. 이는 사람의 기본적인 심리적 욕구를 형성하며 자아 개념과 자존감의 기초가 된다. 스트레스 상황을 극복할 수 있는 열쇠로도 매우 중요하다. 그런데 통제력을 완전히 상실하게 된 상황은 심리적 통제감을 발휘하기는 어렵다. 내가 할 수 있는 일이 전혀 없는 상황! 이 순간 느끼는 스트레스가 바로 통제력 상실로 인한 고통이다. 이 상황으로 인하여 받는 고통은 크다. 그리고 이것은 만성 스트레스 정도의 위험에 노출된다. 통제력 상실은 큰 사건이다. 만약 자신의 힘으로 아무것도 할 수 없는 상실감을 느끼면 심리적 통제감도 잃게 된다. 개인의 발전뿐 아니라 조직의 성과 향상에도 당연히 영향을 끼칠 것이다. 이는 결국 개인뿐 아니라 조직 구성원 모두에게 스트레스 상황을 가져오게 된다. 모두가 발전하지 못하는 원인이 된다. 스트레스는 고통의 순간까지 이어질 수 있다. 그렇기에 우리는 이 상황을 지혜롭게 헤쳐가야 한다.

TO DO

통제력의 상실로 인한 무기력 상황을 극복하기 위해 스스로 할 수 있는 것과 할 수 없는 것이 있음을 인정해야 한다. 그리고 받아들여야 한다. 사람들은 자신이 통제하지 못하는 상황 자체를 인정하지 못할 때가 있다. 그 원인이 외부에 있는 데도 스스로 자신의 탓이라 여기며 자존감에 손상을 입는다. 이후 다른 상황을 해결하는 데까지 부정적인 영향을 받게 된다. 스트레스로 인한 고통을 받을지 극복할지를 결정하는 열쇠를 잘 사용해보자.

1. 지금까지의 삶에서 가장 무기력했던 상황이 기억난다면 언제인가요?

2. 그 상황을 내가 통제할 수 있는 사건이었나요?

3. 통제할 수 없었다면 어떻게 그 사건을 해결(정리)했나요?

내면 통제감이 주는
효과

살다 보면 저마다 경험하는 객관적 상황은 각기 다르다. 주변 친구나 지인, 직장 동료와 자신을 비교해 봐도 금방 알 수 있다. 중요한 건 상황이 어떻든 자신의 삶을 조금이라도 통제하고 있다고 믿는 것이다. 통제 가능한 것이 있다고 믿는 사람은 스트레스에 대한 생각이 다르다. 스트레스를 위협이 아니라 덤벼볼 만한 도전으로 생각하는 여유가 생긴다. 그로 인해 삶의 태도가 달라진다. 조금 더 긍정적이고 적극적인 삶을 살 수 있게 된다.

한편 자기 삶의 통제 정도에 대한 믿음도 개인차가 분명할 것이다. 내면의 통제감이 강한 사람들은 '나는 내 인생에서 일어나는 여러 가지 일을 통제할 수 있어!'라고 믿는다. 하지만 그렇지 않은 사람들의 경우 '내 인생의 여러 가지 일들은 우연히 일어나는 거야.'라고 생각한다. 그렇다면 당신은 자신에게 일어난 일들이 어떻게 일어났다고 생각하는가?

스트레스의 핵심! 내면 통제감

스트레스를 받을 때 내면 통제감이 강한 사람은 스트레스 호르몬인 코르티솔이 감소한다고 한다. 당연히 스트레스를 덜 받게 된다. 하지만 자신의 삶을 통제하지 못한다고 생각하는 사람은 평생 몸 안의 코르티솔이 많이 만들어진다. 이로 인해 해마 속 기억 센터가 수축한다. 코르티솔이 기억 센터 뇌세포에 독과 같은 작용을 하기 때문이다. 즉, 삶의 통제감에 대한 믿음이 없는 사람의 뇌는 실제로 약해지는 것이다. 하지만 원천적으로 통제 불가능한 외부 환경적 어려움과 상황은 좀 다를 수 있다. 반면 그 외의 스트레스는 내면의 통제감으로 충분히 다스릴 수 있다는 점을 기억하자.

도전은 우리를 더 빠르고 영리하게 만든다. 반면 스트레스는 우리를 더 어리석게 만든다. 스트레스는 주어진 과제가 자신의 능력에 대한 믿음을 넘어설 때 생긴다고 한다. 지속적으로 스트레스를 받는 사람들에겐 이런 증상이 찾아온다. 기억력이 나빠지고 인지 기능도 떨어진다. 뇌 기능이 약해지고 치매 발병률도 높아진다. 아마 이런 결과들이 나에게 닥칠까 봐 걱정될 수도 있다. 그 여부는 내면 통제감의 소유 여부다. 통제감의 크기 또한 중요하다. 그렇다면 각자 내면 통제감을 얼마나 비축하고 있는지도 살펴봐야 한다.

엄청난 이슈를 일으켰던 한 드라마가 있다. 그 드라마에는 명문대 의대 입시와 성공에 대한 욕심으로 펼쳐지는 사건들을 다루었다. 목표 달성만을 위해 일어나는 비윤리적 상황들도 자주 등장했다. 부모의 그릇된 욕심과 사회적 편견으로 상처가 가득한 자녀들이 나온다. 노모가 성공한 자식에게 끝까지 욕심을 버리지 못하는 모습도 인상적이었다. 내려놓지 못해 안타까워하고 울부짖는 권력층의 모습, 끝없는 인간의 욕심이 보여 씁쓸했던 기억이다. 등장인물이 겪고 있는 저마다의 스트레스 상황이 우리의 모습 같았다. 겉으로는 아닌 척하지만 많은 사람이 공감했을 것이다.

이야기가 진행될수록 주인공들이 나름의 의지로 스트레스 상황에서 벗어나려는 노력의 모습을 보여주었다. 스스로 내면 통제감을 만들어가는 것이다. 너무나 권위적인 남편에게 참기만 하던 부인은 평화와 자유를 위해 헤쳐나가는 용기를 보여주었다. 직장에서 현실과 부딪히지만 꿋꿋이 정직함을 지켜나가는 인물도 내면 통제감이 강한 모습을 잘 보여주었다. 처음에는 물론 힘들었을 테지만 자신의 결정과 행동의 변화로 조금씩 내면 통제감이 강해지고 스트레스와 멀어지는 모습이 그려졌다.

드라마 속 한 고등학생은 명문대 의대 합격의 목표로 큰 부담감을 가지고 있었다. 엄마와 부둥켜안고 울면서 이런 이야기를 했다.

> 내가 지금까지 어떻게 살아왔는데, 한 번도 마음 편히 논 적도 없고, 여행도 안 가고, 잠도 4시간 이상 못 자고…. 너무너무 억울해….

그 대사에서 내면의 상처와 억눌린 욕구가 보여 가슴이 아팠다. 외부의 압력과 스스로 만든 스트레스의 굴레에서 고통스러워하고 있었다. 전전긍긍하면서 지내는 모습이 우리 현실 속에도 충분히 존재하는 일이라 여겨졌다. 그래서 더 마음 아프고 고민되는 부분이었다.

내면의 통제감을 강하게 키워야 하는 이유를 다음 글을 통해서 느낄 수 있었다.

> 주어진 과제가 힘들고 그로 인해 받는 물리적 상황은 당연히 힘들겠죠. 그러나 그런 힘들고 지치고 찌그러짐보다 무엇인가 큰 것이 있으니 웃을 수 있겠죠.
>
> 도전할 과제가 있고, 그 과제를 수행하며 배우고 있고, 그 과정에서 자신이 성장하고 있다는 점을 느낄 때 그로 인해 기쁘지 않을 수 없죠.
>
> 외부적, 물질적인 것으로는 도저히 대체될 수 없고, 오직 노력으로 느낄 수 있는 희열, 깨달음과 성장의 기쁨이죠.
> 밝음과 무한 긍정 에너지는 누가 쥐어서 받은 것이 아니라 스스로 찾아내고 만들어내는 거였던 거죠.

이 글은 실제 어느 고등학생들의 이야기다. 이들도 입시 부담 속에 지내고 있다. 외부에서 볼 때는 많은 학습량과 과제로 무척 지쳐 보일 뿐더러, 신나게 웃을 여유도 없이 책상에만 앉아있는 무기력한 모습을 상상하게 된다. 대부분 그렇게 생각한다. 하지만 그들의 모습은 달랐다. 스트레스라고 생각되는 부분을 스스로 바꾸어 나갔다. 도전으로 받아들이고 발전과 성장에 대한 기쁨을 깨달아가고 있었다.

내면 자기 통제감에 대한 믿음의 중요성

어느 정도 통제력을 사용할 수 있다면 스트레스를 덜 받게 된다. 이를 위해서 자기 통제감은 매우 중요하다. 스트레스는 우리에게 흥분 또는 분노의 증상도 함께 가져온다. 때론 우울감으로 인해 피로와 무기력한 상태를 만든다. 이러한 감정들을 제대로 알아야 통제력도 높아진다.

사실 스트레스는 감정과 분리하여 생각할 수 없다. 특히 내면의 문제는 더 그러하다. 자신의 감정을 제대로 파악할 때 통제력은 높아진다. 쉽지 않은 문제다. 우리의 뇌는 감정의 부정 요소를 오래 기억하기 때문이다. 쉽지 않겠지만 내면의 부정 요소를 극복하고 긍정의 힘에 대한 믿음을 키워나가야 한다. 내 앞에 갑자기 강도가 나타났다고 하자. '이 불행한 사태가 왜 벌어졌을까? 난 이제 죽었다! 엄청난 비극적 상황이다!'라면서 그 상황을 통제할 수 없다고 생각하면 안 된다. 불행해지는 자신의 모습을 생각하면 안 된다. 해결 방안을 생각하지 못하게 된다. 그 상황에서 안전하게 벗어날 수 있다고 생각해야 한다. 지혜롭게 헤쳐나갈 수 있을 거라는 믿음이 필요하다. 바로 내면 통제감을 스스로 튼튼하게 만들어나가야 한다.

To Do

어떤 시련과 어려움이 있어도 이겨낼 수 있다는 자신만의 내면 통제감을 키우자. 자신감과 자존감을 위한 심리적 통제감도 있어야 한다. 이것이 스트레스를 잘 관리하는 좋은 방법이다. 위기의 순간을 도전의 순간으로 바꾸는 것이다. 이런 통제감이 바로 나에게 다가오는 스트레스 호르몬을 멀어지게 해준다. 다시 말해 스트레스가 나를 싫어하고 피해가도록 하는 장치로 사용될 수 있다. 도전과 발전의 기회를 주는 자신만의 통제감을 키워가자.

1. 지금까지 삶에서 일어났던 일 중 통제 가능했던 일이 있었나요?

_____

_____

_____

2. 스트레스 상황에서 자신의 내면 통제감 점수는 어느 정도인가요? (10점 만점 기준)

_____

_____

_____

3. 견디기 힘들었던 상황을 자신만의 심리적 통제감으로 조금씩 회복하고 있는 것이 있다면 무엇인가요?

_____

_____

_____

피하지 말고
극복해야 하는 친구

스트레스가 짜증 나고 싫다고 피할 수 있을까? "아니다."란 대답에 동의할 분이 많을 것 같다. 스트레스를 제대로 파악해야 편안한 삶을 살 수 있다. 스트레스를 받아들이는 것에 스트레스를 받지 말아야 한다. '이건 무슨 소리야? 복잡해!'라는 생각이 들겠지만 스트레스가 다가오더라도 피하려 하지 말고 내 옆에 다가온 친구라고 생각해보자. 처음 만나 어색하고 마음이 통하지 않아 불편한 친구처럼 말이다. 제대로 알아가려고 노력해보자. 천천히 인식하며 알아가면 조금은 편해질 날이 올 것이다. 자신에게 온 상황이 좌절과 실패가 아니라고 생각해야 한다. 해결 가능하다고 생각하고 몰두하는 습관을 기르자. 그 시간을 통해 스트레스를 극복하는 과정을 경험하게 될 것이다.

스트레스 극복–훈련을 통한 집중력

사격 종목 올림픽 최초 3연패의 영웅, 진종호 선수의 이야기다. 그가 2016년 올림픽에서 극적인 역전을 하며 3연패 달성을 이룬 모습을 기억할 것이다. 사격은 고도의 집중력을 필요로 하는 종목이다. 당시 진 선수의 순위가 뒤처지는 상황이었다. 불안한 상태에도 흔들리지 않고 침착하게 경기를 이어나가는 모습을 보여주었다. 우승을 확정 짓는 그 한 발도 매우 신중한 모습이었다. 경기 중 선수들은 여러 스트레스를 받는다. 그 순간을 어떻게 극복하느냐에 따라 결과가 달라질 수밖에 없다. 진종호 선수는 그 시점을 고도의 집중력으로 이겨냈다.

사람의 뇌는 여러 경로를 통해 정보를 주고받는다. 신경전달 물질을 통해 전기 전달도 이루어진다. 그 순간 뇌는 다양한 활동을 한다. 이때 발생하는 전기 신호를 '뇌파'라고 부른다. 뇌파는 델타파, 알파파, 세타파, 베타파로 구분한다. 델타파는 잠잘 때나 혼수상태에서 나타나고 심신을 치유할 때 도움이 된다. 알파파는 편안한 상태에서 나타나며 스트레스 해소 및 집중력 향상에 도움이 된다. 세타파는 꿈과 지각의 경계 상태일 때 나타나고 창의성 발휘에 도움을 준다. 마지막으로 베타파는 긴장과 흥분 상태, 활발한 활동 상태에서 나타나며 운동력 향상에 도움을 준다고 한다.

뇌파 연결성 검사를 통해 진종호 선수는 스트레스에 민첩하게 반응하는 베타파 간의 연결성이 좋게 나타났다. 일반적으로 베타파의 활동량이 많은 사람은 긴장과 흥분이 높은 상태다. 이것은 학습 능력의 저하, 불안정한 면이 돌출 가능한 상태라고 한다. 하지만 진종호 선수의 베타파는 효율적으로 잘 연결되어 있고 그 구성이 좋았다. 베타파를 잘 연결해 사용하는 사람의 특징은 이렇다. 스트레스를 받을 때 그 상황에 굉장히 집중한다. 그리고 스트레스 자극을 잘 극복한다. 어려움에 대한 회복도 빠르다. 진종호 선수가 이런 이야기를 했다.

> 경기 중에는 스트레스라는 생각을 하지 않습니다. 제대로 못 쐈을 때 오히려 내 행동 패턴이 어땠는지 스스로 분석해보고 반성합니다.

행동을 분석하기 위한 집중이 중요하다는 걸 알 수 있다. 그 집중은 훈련을 통해 만들어질 수 있다. 그 과정이 베타파 간의 연결성을 효율적으로 만들어준 것이다. 우리 삶에서 집중과 훈련의 장점을 잘 보여준 것 같다.

자신만이 갖는 집중력이 10점을 맞추게 하는 힘의 원천이다. 그 집중력은 훈련을 통해 가능하다. 맨손으로 과녁을 쏘는 이미지 훈련을 정말 끊임없이 연습했다고 한다. 10점을 향한 꾸준한 연습을 통해 실제 경기에서 잠깐 흔들리더라도 몸이 10점의 방향을 기억하게 했다고 한다. 물론 실수도 있고 위기 상황도 있을 것이다. 하지만 그것에 대한 후회나 걱정은 하지 않는다고 한다. 자신이 뭘 잘못했는지, 어떤 실수를 했는지 분석하고 해답을 빨리 찾으려고 노력한다. 그 순간 무서운 집중력이 발휘되고 10점을 맞추게 된다. 이런 그의 훈련이 집중력을 발달시켜 스트레스 순간을 잘 헤쳐나가게 된 것이다.

우리 삶도 훈련이 필요하다. 다가온 스트레스를 적극적으로 극복하고 친구로 만들기 위한 집중력을 위해서 말이다.

어쩌다 찾아온 스트레스-연습으로 극복

중학교 2학년 때 일이다. 수업 시간 중 학생들이 책을 읽게 되는 과목이 많았다. 어느 날 수업 시간 차례가 되어 일어나 책을 읽는데 목소리가 이상하게 나왔다. 평상시와 똑같이 읽고 있었는데 밖으로 나오는 목소리는 아니… 글쎄… 너무나 떨리는 것이 아닌가? 한 번도 그런 적이 없었다. 예전 한 가수의 목소리가 떨리게 들려 염소 창법이라고 불렸던 기억이 있다. 그 가수의 목소리보다 훨씬 더 심하게 떨렸다. 당연히 반 친구들이 수군거렸다. 전혀 예상치 못한 일이라 당황해서 얼굴이 화끈거렸다. 너무 이상하고 기분이 좋지 않았다. 그날만 그랬던 거라고 생각했다. 그런데 그날로 끝나지 않았다. 이후 무엇인가를 읽을 때 그런 증상이 나타났다. 창피하기도 하고 짓궂은 친구들이 나만 보고 웃는 것 같았다.

슬슬 걱정이 되었다. 다음 날 시간표를 미리 살펴보게 되었다. 읽기를 시키는 과목이 있는 전날이면 긴장했다. 특히 출석 번호로 읽기에 지목될 것이 확실히 예상되면 고민이 많아지기 시작했다. 다음 날 학교를 빠져야 하나? 창피당하기가 두려웠다. 하지만 학교를 빠질 용기도 없었다. 그 시간에 아프다 하고 보건실에 가야 하나? 고민을 많이 했다. 갑자기 생긴 이상한 증상에 혼란스러울 수밖에 없었다. 그러다 생각한 것이 미리 읽어보기 연습이었다. 가족들에게도 창피해서 이야기하지 못했다. 책을 갑자기 읽으면 이상하게 생각하실 것이 분명했다. 그 시절 우리 가족은 옥상이 있는 주택에 살고 있었다. 나는 교과서를 들고 옥상으로 올라갔다. 다음 날 나에게 돌아올지 모르는 그 부분을 읽기 시작했다.

왜 목소리가 떨리게 나오지? 이해가 되지 않는 상황이라 너무 답답했다. 하지만 그때는 다른 방법이 전혀 떠오르지 않았다. 내가 할 수 있는 최선의 선택이 읽어보기 연습이었다. 물론 단번에 좋아지지는 않았다. 여전히 목소리는 떨렸다. 하지만 미리 읽었던 부분이라 긴장감이 덜했던 것 같다. 마음이 아주 조금은 편안했다. 옥상에서의 연습이 분명 도움이 되는 것 같았다. 나의 옥상 책 읽기는 한동안 계속되었다. 아주 다행히 그 증상이 오래가진 않았다. 몇 달에 걸쳐 서서히 좋아진 것 같다. 학기말쯤 그 증상이 없어졌던 것으로 기억한다.

지금 나는 말하는 일을 업으로 삼고 있다. 만약 내가 중2 때 만났던 그 스트레스 친구를 극복하지 못했다면 지금의 일을 할 수 있었을까? 아닐 가능성이 크다. 한참 예민했던 중학교 때의 일이라 안도의 한숨이 지어진다. 주변에 심하게 놀리거나 장난치는 친구가 없었던 것도 감사하다. 오히려 앞뒤 친구들은 갑자기 목소리가 이상해진 나를 안쓰러워하며 위로해준 적도 있다. 당시 중2였던 그 시절 나의 머리를 쓰다듬어 주고 싶다. 스트레스라는 친구를 잘 극복했다고 말이다. 당시 에너지를 집중했던 부분이 걱정과 고민이 아니었던 것에 안도감이 들었다. 떨지 않고 읽어 보겠다는 의지를 가진 것도 다행이다. 이겨낼 수 있다는 생각에 집중하고 에너지를 쏟았던 것을 칭찬하고 싶다.

TO DO

스트레스는 자신의 의지와 상관없이 만나게 된다. 나도 모르는 사이 다가오기도 하고 떠나기도 한다. 다가온 스트레스를 피한다고 해결되는 것이 아니다. 회피하려는 마음만 가지면 그 스트레스 상황은 극복하기 힘들게 된다. 피하고 싶은 불편한 친구 같은 존재라도 무조건 밀쳐내지 말자. 좋은 친구는 아니지만 나를 힘들게 하는 친구가 되지 않도록 친해져야 한다.

친해지는 방법은 개인마다 다를 것이다. 참는 노력이 필요할 수도 있고, 꾸준하게 훈련해서 집중력을 높여야 할 수도 있다. 무엇이든 자신에게 맞는 방법을 찾아보자. 그리고 실행해보자. 스트레스가 곁에 둘 만한 친구가 되는 날이 올 것이다.

To Think

1. 어쩌다 나에게 찾아온 스트레스가 있었다면 무엇인가요?

2. 그 스트레스와 좋은 친구가 되었나요? 아니면 나쁜 친구가 되었나요?

3. 좋은 친구가 되었다면 자신만의 어떤 기술이 있었나요?
   나쁜 친구라면 좋은 친구가 되게 하는 방법은 무엇일까요?

잠깐 스트레스 좀 풀고 올게요

나만 후벼 파면
스트레스는 커진다

나는 누구인가? 왜 태어났나? 무엇을 해야 하나? 이런 질문은 사춘기 시절 많이 했던 고민일 것이다. 하지만 이제는 나이와 상관없이 고민하는 사람이 많아졌다. 나는 무엇을 위해 사는가? 내가 하는 일이 진짜 내가 원하던 일인가? 이렇게 불안정한 생활을 언제까지 해야 하지? 이러다 나의 노후는 어떻게 되는 거지? 이러한 고민은 항상 존재할 수 있다. 나 또한 그렇다. 항상 여러 고민이 머릿속에 맴돌아 힘들 때가 많다.

자신에 대한 고민과 그 해답을 찾는 일은 중요하다. 진지한 고민을 통해 성장하는 것도 맞다. 그러나 자신에게만 집중하는 필요 이상의 관심과 몰두는 우울과 불안을 더 크게 만들 가능성이 크다고 한다. 우리가 사는 사회는 혼자만의 세상이 아니기 때문이다. 주변 사람과 세상에 대한 관심이 필요하다. 관심과 에너지를 자신에게만 쏟는 것이 아니라 외부로 돌리는 관점을 가져야 한다. 그것이 스트레스에서 벗어나는 지혜로운 방법이 될 수 있다.

불안과 자기초점주의

　정신분석학 용어 사전에서는 '불안'을 이렇게 정의한다. "신체적 · 심리적 반응을 수반하며 모호하거나 알려지지 않은 위험한 느낌. 자기 자신에게 몰두하는 현상을 가져온다." 그 외 다른 학문에서는 조금씩 다른 의미로 말하기도 한다. 우리는 스트레스 상황에서의 불안을 정신분석학적 의미로 생각하기로 하자.

　불안감이 높은 사람의 특징은 다음과 같다. 그렇지 않은 사람들과 비교해 사람들 앞에서 의견을 말하거나 발표 등을 할 때 걱정이 많다. 자신의 모습이 창피스러울까 과도하게 걱정한다. 타인들이 보는 시선에 겁이 난다. 자신의 불안한 모습을 들킬까 두려워한다. 사회에 대한 불안이 높은 사람은 사회적 상황에 대해서도 위험하게 생각한다. 편안하게 넘어가도 되는 일에 스스로 불안해하는 경향이 많다. 주변의 일반적인 피드백도 부정적으로 받아들인다. 사회 불안이 높은 사람은 신체적 불안 증상이 조금만 생겨도 민감하게 반응할 때가 많다.

　흔히 '왜 저 사람은 걱정을 만들어서 할까?' '별것 아닌데 너무 오버해서 난리 치는 것 같아.'라고 생각되는 사람들일 수 있다. 이들은 밖으로 생각을 펼치지 못하고 어떤 상황에 대한 관점을 객관적으로 생각하기 어려워한다. 혹시라도 주변 사람이 자신에게 부정적 감정을 가지고 있다는 것을 알게 되면, 자동으로 신체 불안 증상까지 나타나는 특징이 있다.

이들은 자신이 다른 사람들에게 어떻게 보이는지에 무척 관심이 많고, 그것을 스스로 판단한다. 사회 불안과 자기주의의 특성이 많을수록 긍정적인 면보다 부정적 측면에 더욱 신경을 쓰게 된다. 자기 판단 및 사회에 대한 시선을 부정적으로 형성하는 것이다. 한번 떠올려 보자. 본인에 대한 걱정과 불안, 사회에 대한 부정 감정을 자주 쏟아내는 사람들을 보면서 긍정적인 기운을 느끼기 힘들었을 것이다. 혹시 자기 자신이 그런 편인지 점검해보는 것도 좋다.

자기초점주의를 조심해야 하는 이유

그렇다면 자기초점주의가 매우 궁금할 것이다. 클락이 정의한 자기초점주의는 '한 개인이 사회적 상황을 위협적으로 인식하는 상황에서 신체 내부적으로 발생한 정보에 따라 자기 생각이 생리적 각성, 행동, 정서, 용모 등으로 초점이 맞춰지는 상태'를 말한다. 이 말을 이해하기 쉽게 설명하면 자기 생각이나 감정, 행동과 외모에 심할 정도로 많은 주의를 기울이는 현상이다. 자기초점적 주의(Self-Focused Attention)라고 표현한다. 그렇다면 이런 생각을 할 수 있다. 예를 들어 '거울을 보며 자신의 외모를 꼼꼼히 살펴보는 것이 뭐가 문제지? 왜 조심하라는 거지? 자신에 대한 깊은 생각은 필요한 것 아닌가?'

자기초점주의는 우리 정서 중 부정적 정서와 긴밀하게 연결되어 있다고 한다. 예를 들어 아주 건강한 사람이 자신의 손바닥을 계속 쳐다

보고 있는 상황을 상상하자. 손바닥만 뚫어지게 쳐다보면 이런 생각
이 들 수 있다.

> 손금이 왜 이렇게 이상하지? 손금이 좋지 않으면 어쩌지? 너무 징그러운 것 같
> 아! 손바닥에 세균도 많을 것 같네. 좀 불결한 거 같아….

없었던 걱정과 염려가 생기는 것이다. 사람의 우울한 감정은 괜한
열등감으로 연결된다고 한다. 스스로 콤플렉스 상황을 만들며 기분이
점점 나빠지게 된다. 자기초점주의는 자신도 모르게 부정적 스트레스
상황을 경험하게 만든다.

뉴욕대에서 한 연구를 했다. 자기초점적주의와 정서의 관계를 확인
하기 위해 실험에 참여하는 사람들에게 바흐의 〈브란덴부르크 협주
곡〉을 들려주었다. 이 곡은 일반적으로 편안하며 듣기 좋은 선율의 곡
이다. 이 음악을 통해 사람들에게 편안함과 긍정적 정서를 유도했다.
또한 러시아의 아픈 역사를 배경으로 한 프로코피예프의 슬픈 선율의
음악을 들려주며 부정적 정서를 유도했다. 두 가지 상황에서 각각 자
기 자신에 대한 생각을 얼마나 했는지 비교해본 것이다.

편한 음악을 들으며 행복하고 즐거운 기분이 들었을 때 자신에 대
한 생각의 빈도가 줄어들었다. 하지만 슬픈 음악으로 부정의 감정을
일으켰을 때 자신에 대한 생각이 많아지는 결과를 보였다. 다시 말해
긍정적 정서는 자신에게서 조금 벗어나 자유롭게 해줄 수 있다. 반면

부정적 정서는 자신에 대한 생각을 오히려 많이 하게 만든다. 나 또한 바로 이 두 가지 음악을 들어보았다. 결과는 비슷했다. 밝은 선율의 음악이 지금 상태를 편안하게 해주었다.

사람은 대부분 활기찬 기분이 들고 컨디션이 좋은 상태에서 새로움을 추구하는 마음이 생긴다. 반면 스트레스가 많아질수록 반대 상황이 많아진다. 일단 관심의 폭이 좁아진다. 멀리 있는 지인들을 생각할 여유가 없다. 가까운 사람들만 생각하게 된다. 친척보다는 내 가족만 관심을 두게 된다. 관심의 폭이 줄어들면 우울감이 상승하며 점점 더 자신과 관련된 생각만 떠올리게 되는 것이다. 사회적 불안이 증가하는 상황을 생각해보자. 경제 위기 상황에서 멀리 있는 지인까지 생각하는 일은 어려울 수밖에 없다. 당장 내 앞에 놓인 문제가 급하기 때문이다. 코로나19 같은 상황에서는 평상시보다 자신과 가족만 생각할 수밖에 없고, 멀리 생각하는 폭이 줄어들 수밖에 없다.

나만 해도 그러하다. 전국을 다니며 여러 사람을 만나 강의하던 사람이 활동의 폭이 좁아졌다. 집에만 있어야 할 시간이 너무 많았다. 챙겨야 할 가족만 일단 눈에 보였다. 재택근무로 바뀐 남편과 학교에 가지 못하는 아이들을 챙겨야 했다. 아내와 엄마라는 이름에서 오는 역할과 책임으로 지친 마음이 생기기 시작했다. 평상시와 달리 주방에 있는 시간이 늘어났다. 처음엔 그것도 괜찮았지만 시간이 갈수록 부정 정서가 점점 늘어나고 있었다. 사람들을 만나는 시간이 현저하게 감소하며 드는 마음의 공허함이 점점 차올랐다. 밤만 되면 뭔가 더

허한 마음이 들어서 관심을 돌리려 TV와 SNS로 시간을 보냈다. 그것도 나중엔 무의미하게 느껴졌다. 부정 감정에서 오는 우울감이 차츰 찾아온 것이다. 코로나 블루라는 이름의 우울증 환자가 늘어났다는 기사가 남의 얘기가 아닌 듯했다. 자기초점주의에 깊이 들어가게 되는 상황이 바로 이런 것 같다.

일반적으로 자신에 대한 성찰과 고민의 중요성을 많이 이야기한다. 그래야 발전적 변화가 가능하다. 맞는 말이다. 하지만 자기초점주의와는 다른 의미다. 스스로에 대한 성찰과 반성은 주변 상황도 함께 생각하며 발전과 성장을 가져온다. 그에 반해 자기초점주의는 주변 상황에 관한 관심이 없어진다. 심할 정도로 자신에게만 주의를 기울이게 되는 것이다.

오래전 학생들을 만나 집단상담을 하는 봉사활동을 한 적이 있다. 그 당시 흔히 말하는 자기만의 동굴을 만들어가는 한 친구가 있었다. 다른 친구들이 처음에는 그 친구에게 관심을 주었다고 한다. 그런데 말을 걸어도 제대로 대답하지 않고, 함께 어울리자 해도 자꾸만 머뭇머뭇하는 그 친구가 답답했다고 한다. 이런 일이 반복되다 보니 주변 친구들도 더 이상 챙기기 쉽지 않은 상황이었다. 그 학생은 자꾸만 혼자만의 생각에 빠져들게 된 것이다. '날 아무도 좋아하지 않아. 난 쓸모없는 사람이야.'란 생각만 했다고 했다. 곧 학교를 그만둘 것이라 했다. 그 친구가 걸어가는 뒷모습은 다른 친구들과 달랐다. 앞과 주변을 전혀 살피지 않았다. 고개를 숙인 채 자신만의 세계에 쓸쓸히 갇혀

있던 모습이 안쓰러웠다. 나는 그 친구에게 자기만의 세상에서 벗어나야 한다는 것을 알려주려고 노력했었다.

"지금까지 집착하고 괴로워했던 문제가 이제는 남의 일 같아요." 우울증 환자들이 치료를 받고 상태가 좋아진 후 많이들 하는 이야기라고 한다. 다시 말해 자신의 문제에 너무 집착하면 더 우울해진다. 오히려 자신과 심리적인 거리를 두어야 그 우울에서 벗어날 수 있다.

혹시 '나는 누구인가?'란 생각이 자주 든다면 일단 점검해 봐야 한다. '요즘 내가 우울해서 그런가?' 하는 의심을 해야 한다. 감정 점검을 해야 한다. 우울한 기분이 들 때 자신만을 들여다보면 우울감은 더 커진다. 부정적 생각도 더 커지게 된다. '왜 나는 이것밖에 못 하지?' 하는 재능에 대한 불만이 커질 때가 있다. '왜 나는 이렇게 생긴 거야?'라는 외모에 대한 불만이 자주 떠오른다면 신호가 온 것이다. 자기초점주의로 가까이 가고 있다는 신호다. 혹시 자신이 지금 이런 상태라면 '기분 전환이 필요하구나!'라고 판단해야 한다. 이때는 오히려 밖으로 나가 친구를 만나야 한다. 모임에도 참석해서 사람들과 어울려야 한다. 퇴근 후 동료들과 영화도 보고 음악도 듣고 함께하는 시간을 가져야 한다. 우리는 연습을 통해 자기초점주의에 빠지지 말라는 신호를 재빨리 알아차려야 한다.

TO DO

주변을 둘러보자. 인생을 즐겁고 행복하게 사는 사람들을 떠올려보자. 자신보다 다른 사람을 많이 생각한다. 자신의 에너지를 주변에 나눠주고 있다. 타인에게 좋은 영향력을 끼치는 행동을 한다. 우리는 이러한 행동을 염두에 두어야 한다. 자기에 대한 어느 정도의 고민과 성찰은 필요하다. 하지만 자신에 대한 과도한 몰두는 위험하다. 자신만 후벼 파는 자기초점주의에서 벗어나도록 하자. 이 것이 스트레스의 나쁜 영향에서 벗어나는 길이다.

1. 자신의 모습에 대한 스스로의 자신감은 어느 정도인가요? (10점 만점)

2. 타인에게 보이는 자신의 모습에 대한 고민을 자주 하나요?

3. 밝고 긍정적인 영향을 끼치는 주변 지인을 떠올렸을 때 생각나는 특징은 무엇인가요?

5단계

4단계

3단계

2단계

1단계

나를 성장시키는
스트레스의 힘

적당한 스트레스는
뇌 기능을 향상시킨다

"요즘 그 일 때문에 스트레스받아 미치겠어."
"그러게 말이야! 난 ○○ 때문에 진짜 스트레스 만땅이야."

우리의 대화거리 중 '스트레스' 관련 주제들이 생각보다 많다는 데 동의할 것이다. 바쁘게 살아가는 현대인이 자주 듣게 되는 이슈이다. 대화에 등장하는 스트레스는 대부분 나쁜 점만 가득하다. 하지만 그동안 몰랐던 스트레스의 좋은 효과가 하나둘 밝혀지고 있다. 이 장에선 우리를 성장시킬 수 있는 스트레스의 긍정 효과에 대해 살펴보려 한다.

학창 시절 한두 번 초조한 마음으로 벼락치기를 했던 기억이 날 것이다. 그 순간 딱 보았던 내용이 시험에 출제되어 예상보다 높은 점수를 받고 좋아했던 기억도 있을 것이다. 나 또한 중학생 때 시험 직전, 쉬는 시간 10분 동안 교과서 단원 정리 부분을 펴고 급하게 읽어 내려

갔었다. 종이 치고 문제를 풀어나가는데, 와우! 방금 쉬는 시간에 외웠던 내용이 출제되었다. 그것도 배점이 높은 주관식 문제였다. 자신 있게 답을 적으며 조용히 씨익 하고 기뻐했던 일이 생각난다.

우리는 인생에서 이와 비슷한 순간들을 경험하게 된다. 학창 시절, 취업 준비 기간, 업무처리 상황 등에서 긴장되는 상황을 자주 접한다. 가슴이 두근거리며 손에 땀을 쥐게 하는 일련의 사건들이 생기게 된다. 분명 스트레스 상황이 맞다. 순간 매우 복잡한 상황이라고 생각된다. 결과에 대한 두려움으로 심리적 압박도 느끼게 된다. 그런데 이런 스트레스 상황이 오히려 집중력을 극대화하는 시간으로 작용할 수 있다. 반갑지 않은 스트레스가 다행스럽게 긍정적인 면을 가지고 있는 것이다. 물론 과도한 스트레스 상황이 아니고 적당한 스트레스 상황에서 말이다.

스트레스의 두뇌 향상 기능 세 가지

첫째, 견딜 수 있는 적당한 정신적 자극은 우리를 똑똑하게 만들어 준다.

2012년 《노화의 신경생물학》에 〈인지 예비 용량의 노르아드레날린 작용 이론〉이란 논문이 실렸다. "도전을 마주한 뇌는 노르아드레날린®

● 부신으로부터 혈액으로 방출되며 시냅스 전달 사이에 작동성 뉴런으로부터 방출되는 신경전달물질. 교감신경 말단에서도 분비된다. 스트레스 호르몬의 하나이며, 주의와 충동성이 제어되고 있는 인간의 뇌 부분에 영향을 미친다(과학용어사전 참조).

을 생성해 의사결정 능력, 인지능력을 높여준다. 살면서 만나는 정신적 도전과 사회적 상호관계, 그리고 떠올리게 되는 기억들이 존재한다. 이것은 뇌에서 노르아드레날린을 조금씩 수만 번 분사하게 한 덕분이다. 이것이 뇌를 강화하고 확장되게 만들어 뇌가 튼튼해지도록 한다."라는 내용이다.

호르몬 중 하나인 노르아드레날린이 반복적으로 만들어질 때 "심각한 스트레스로 인한 '티핑 포인트'만 넘지 않으면 뇌를 강화시키는 데 효과가 있다."라고 한다. 여기서 '티핑 포인트'란 어떤 현상이 서서히 진행되다가 어떤 작은 요인으로 한순간 폭발하는 순간을 말한다. 다시 말해 균형이 깨지는 순간이다. 뇌에서 느끼는 스트레스 수준의 균형이 깨질 때 나쁜 호르몬의 작용이 나타난다. 그 수준을 넘기지 않는 어느 정도의 적정 스트레스는 오히려 두뇌의 집중력 향상을 통해 지적 수준 향상에 도움을 준다.

둘째, 적절한 스트레스는 기억을 조절하는 뇌 영역에서 새로운 뇌세포가 생성되는 데 도움을 준다.

미국 버클리대 카우퍼 교수 연구진은 쥐 14마리를 5일 동안 특정한 환경에 적응하도록 했다. 이후 그중 7마리를 기존 환경보다 좁은 공간에 가두고 약한 전기자극을 받게 했다. 그리고 스트레스 호르몬 중 하나인 '코르티코스테론' 수치를 측정했다. 그 결과 뇌의 해마에서 다른 쥐들에 비해 코르티코스테론이 2배 이상 늘어났다. 스트레스 호르몬이 증가했지만, 해마는 우리 뇌에서 기억과 감정적 행동을 조절하는 영역이다. 그렇기 때문에 해마의 뇌세포 증가는 바로 기억력이 향상되었다는 증거로 볼 수 있다.

또 하나의 결과가 있다. 스트레스를 받은 쥐와 그렇지 않은 쥐를 특정 환경으로 옮긴 후 규칙적으로 약한 전기자극을 주었다. 이틀 뒤 쥐를 다른 환경으로 옮기고 전기자극을 실제 주지 않고 주는 척만 했다. 스트레스를 받은 쥐와 일반 쥐 모두 전기자극에 대한 반응 행동을 보였다. 그러나 2주 뒤 같은 상황을 또다시 제시했을 때는 달랐다. 일반 쥐와 달리 스트레스를 받은 쥐만 그 특정 행동에 대해 반응을 보였다. 적당한 스트레스를 받은 쥐만 2주 뒤에도 그 행동에 대한 반응을 기억하는 능력이 향상된 것이었다. 즉 적절한 수준의 스트레스는 새로운 뇌세포를 만들어 기억력을 높여준다.

학습 직후 스트레스를 받은 뇌는 바로 직전 감각기관으로 접수된 내용을 더 잘 기억한다고 한다. 학자 슈바베는 스트레스 반응은 반드시 뇌에 전달한 간접 메시지를 담고 있으리라 추측한다. 예를 들어 "잘 들어, 집중해. 방금 들어온 정보는 매우 중요한 거야." 이런 식으로 말이다. 실제로 코르티솔이 뇌세포에 영향을 주어 기억이 잘 안착되도록 하는 작용을 하기도 한다. 뇌를 튼튼하게 하려면 적당한 스트레스가 기본이 되어야 한다. 이것 또한 스트레스의 장점이다.

셋째, 스트레스는 학습과 업무처리 능력에 분명하게 도움을 준다.

직장인에게 난이도가 같은 문제를 두 세트 풀게 했다. 처음 문제를 풀기 전에는 직장에서 받은 스트레스를 떠올리게 했다. 두 번째 문제를 풀기 전에는 여유로운 주말 계획을 떠올리게 했다. 그런데 첫 번째 스트레스 상황을 떠올렸을 때 문제 풀이 속도가 조금 더 빨랐다고 한다. 적당한 스트레스가 뇌 신경 세포를 발달시키는 촉매제가 될 수 있는 것이다.

과제나 업무 등 마감 기한에 쫓겨 시간이 모자라 평상시와 다른 초인적 힘을 발휘했던 기억이 날 것이다. 항상 피곤하던 사람도 상황이 닥치면 밤을 새우며 과제나 야근을 너끈히 해내는 모습도 종종 볼 수 있다. 집중하는 동안 피곤함도 잊은 상태로 말이다. 이것은 스트레스가 뇌세포 신경조직의 연결을 강화해 집중력과 기억력을 높여주기 때문이라고 한다. 과제나 업무의 마감 기한에 대한 스트레스가 이런 작용을 한다. 일을 마무리 짓는 뇌 신경을 활성화시킨다. 이는 평범한 누구도 초인적인 집중력을 발휘할 수 있도록 분명 도움을 준다. 여러 상황에서의 지적인 면을 되살아나게 해줄 수 있다.

생활 속 마주하게 되는 정신적 자극의 강도는 매우 중요하다. 정신적으로 부담이 큰 충격적 사건은 뇌에 깊이 새겨져 오랫동안 부정적으로 기억된다. 단기 기억력과 작업 기억력을 감소시킨다. 이런 부정적 스트레스 상황은 뇌에서 세로토닌의 작용도 감소시킨다. 세로토닌은 사람의 전반적 감각과 수면, 식욕, 행동 등 신체 활동에 영향을 끼치는 뇌의 신경 물질이다. 행복감을 준다고 하여 '행복 호르몬', '치유 호르몬'이라고 불리며 우리에게 익숙한 그것이다. 세로토닌의 작용이 감소할 때 나타나는 대표적 증상이 우울증, 불안증, 강박증 등 현대인이 많이 겪고 있는 스트레스 질병들이다. 지금 이야기하는 스트레스 상황은 이런 질병까지 가져오는 심각하고 충격적인 정도의 자극은 아닌 상황들을 말한다.

우리는 무언가 외우거나 학습적 도전을 할 때 스트레스를 받는다. 그리고 이로 인해 도전을 피하기도 한다. 하지만 이 점을 꼭 기억하자. 우리 뇌의 신경세포들은 사용하는 대로 형태가 만들어지는 가소성을 가지고 있다. 같은 방식으로 뇌에 스트레스와 비슷한 자극을 주다 보면 신경전달 회로가 강화되면서 어려웠던 일이 점차 쉬워진다. 많은 뇌 연구자는 특정 목적을 위해 함께 작용하는 신경세포는 결국 서로서로 연결된다고 말한다. 그만큼 두뇌에 긍정의 영향을 주기 위해서는 가소성을 잘 활용해야 한다.

To Do

스트레스 상황이 항상 우리를 정신적으로 힘들게 하고 지치게 하는 것은 아니다. 적절한 스트레스는 뇌에 자극을 주어 기억 세포를 증가시킨다. 뇌를 민첩하게 해주어 우리를 더 똑똑하게 만들어줄 수 있다. 학습에 도움을 주고 여러 업무 처리 능력에도 분명한 자극제로 활용되는 것이다. 이러한 스트레스의 힘을 잊지 말고 사용해보자.

1. 긴박한 순간 높은 집중력을 발휘했던 상황이 있다면 무엇인가요?

2. 스스로 생각할 때 스트레스로 인해 자신에게 도움이 되었던 일이 있다면 무엇인가요?

3. 그 일 이후 자신의 생활 태도에 변화된 점이 있거나, 스스로 노력할 점을 무엇이라 생각하나요?

적정 스트레스는
신체에 활력을 더해준다

스트레스를 건강을 위해 함께 살아갈 친구로 생각하는 것은 어떨까?

스트레스의 긍정적 기능은 늘 과소 평가받아 왔다. 무조건 나쁘다고 생각했기 때문이다. 오히려 스트레스가 전혀 없는 상황이 위험한 상태일 수 있는데 말이다. 이런 경우를 목격할 수 있다. 직장 스트레스로 결국 퇴사한 후 오히려 빠르게 몸과 마음의 건강이 나빠지는 경우다. 또 자녀 양육의 스트레스로 무척 힘겨워하던 부모가 있다. 자녀가 어느 정도 성장하여 독립한 이후 공허함으로 인해 신체가 급격한 슬럼프 상태에 빠지기도 한다. 이는 적당한 스트레스가 어느 정도 권태감이나 무기력에서 벗어나게 해준다는 것을 보여준다.

스트레스가 건강에 긍정적 역할을 한다는 연구 결과가 관심을 끌었다. "건강 관리를 위해 적절한 스트레스를 유지하는 것이 중요하다." "스트레스는 건강에 해로운 만성 스트레스까지 막아줄 수 있는 최고의 무기다."라는 내용이다. 스트레스와 건강 증진의 관계성을 찾아보자.

신체의 활력소! 스트레스

스트레스는 우리 신체에 활력소 역할을 충분히 해낼 수 있다.

첫째, 스트레스는 신체 능력의 발휘와 성장, 발전에 도움을 줄 수 있다.

심각하지 않으며 짧은 기간 발생하는 스트레스는 일시적으로 몸의 면역 반응을 증가시킨다고 한다. 세포의 활성도 활발하게 해준다. 버밍험 대학의 셸튼 박사는 "적당한 스트레스는 신체 면역력을 강화하는 효과가 분명하다."라고 주장했다. 스트레스를 느낀 신체 부위는 이에 대비하는 여분의 인터류킨을 분비한다. 이것이 일시적으로 면역력을 강화하는 작용을 한다고 설명했다.

마감 기한 등 단기간의 압박감이 존재할 때를 생각해보자. 우리 신체는 120%의 능력을 발휘하게 된다. 이때 단기 스트레스는 부신으로 인한 면역력을 높여 바이러스와 세균의 침입에서 우리를 보호해준다. 스트레스 전문가 타이텔봄 박사는 "부신은 염증을 막아주는 코르티솔 호르몬의 분비를 도와준다. 신체의 에너지를 더 많이 활용하게 해주며 전염을 막아준다."라고 했다. 물론 강도 높은 스트레스를 몇 시간 이상 계속 받을 때는 예외다. 부신에서 자원이 고갈되어 병에 걸리기 쉬워지기 때문이다.

둘째, 암 예방 및 신체의 회복 속도를 높인다.

단기 스트레스는 상처도 치유한다는 사실이 여러 차례 입증되고 주장되었다. 만성 스트레스는 면역력을 떨어뜨려 여러 병을 유발한다. 하지만 단기 스트레스는 암 등의 예방에 도움이 된다.《뇌, 행동, 면역력》저널에 실린 연구에서는 암을 유발하는 자외선에 10주간 노출된 생쥐들을 비교했다. 짧은 기간 스트레스를 받은 집단은 대조군과 비교해 종양 발병률이 낮았다. 스트레스는 면역력을 높이는 유전자의 활동을 활발하게 만든다. 면역 유전자 스위치를 켜진 상태로 만든다는 이론이다. 즉, 면역세포들이 종양에 모여들어 그 성장을 억제하는 것이다.

살아가면서 수술을 받아야 할 일이 생길 수 있다. 수술 후 신체 회복 속도를 높이는데도 스트레스가 도움이 된다. 스트레스 호르몬 코르티솔은 치유가 필요한 부위인 피부나 림프샘에 면역세포가 모이도록 한다. 코르티솔이 신체의 부상 상황에 대비하고 대처하게 만들기 때문이다.

셋째, 새로운 영양제 기능을 한다.

유명 의사나 연예인이 복용하는 많은 영양제가 이슈가 된 적이 있다. 실제 효과를 떠나 영양제에 의지하는 인간의 심리가 반영되어 판매량도 급증했었다. 견딜 수 있는 적정 스트레스는 몸과 마음에 활력을 주고, 신체의 저항력과 작업 수행 능력도 높여준다. 또한 우리의 수명 연장에도 도움이 된다.

스트레스 분야 대가인 한스 셀리에는 "적당한 스트레스가 없으면 인간은 멸망하며, 어떤 사람으로부터 스트레스를 완전히 제거하면 그 사람은 무능해진다."라고 했다. 열심히 살아가는 일상에 스트레스가 전혀 없다고 가정해보자. 처음에는 좋을 수 있다. 하지만 시간이 지날수록 무료함과 나태함이 찾아오고, 변화와 발전에 대한 욕구가 사라질 것이다. 결국 우울증 등의 병적 상황이 나타날 수 있다. 스트레스가 없는 것이 오히려 생존에 더 큰 스트레스로 작용할 수 있다. 스트레스는 활력을 주는 하나의 새로운 영양제 역할을 한다. 비용이 필요한 것도 아니다. 신체에 활력을 주는 제3의 영양제로 자신에게 도움이 되는 방법을 생각해보는 것은 어떨까?

건강에 긍정 기운을 주는 스트레스

미국의 카우퍼 교수도 "건강 관리를 위해 적절한 스트레스를 유지하는 것이 중요하다."라고 주장했다. 물론 "적은 스트레스라도 너무 오랫동안 지속되면 만성 스트레스로 이어져 기억력 감퇴와 비만, 심장병, 우울증 등의 증상을 겪을 수 있으니 주의해야 한다."라는 조언도 함께 말이다.

원시시대를 한번 상상해보자. 인간을 잡아먹는 맹수들이 가득했던 사바나에서 맹수를 만났다고 하자. 누구라도 목숨의 위협에 대한 반응으로 들판을 달리며 맹수를 피할 것이다. 생존을 위해 긴박감을 느끼며 숨이 멎을 것처럼 도망치는 그 순간이 스트레스 상황일 것이다. 하지만 현대인이 받는 스트레스 상황은 어떤가? 원시의 상황과는 매우 다르다. 현대인의 스트레스는 매우 다양한 원인으로 인해 생긴다. 그 증상과 반응도 천차만별이다. 시간의 촉박함이 원인이 되기도 하고, 원시의 맹수 같은 구체적 실체가 없을 때가 더 많다. 스트레스라고 느끼는 상황에서 어떻게 해야 하는지 방향을 잘 잡지 못한다. 잠깐 다가왔지만 나에게 도움이 될 수도 있다는 생각을 못 하게 된다. 지금 처한 상황은 무작정 나쁜 스트레스라고만 생각한다. 더구나 건강도 해치게 될 것이라는 부정의 굴레로 생각하는 경우가 대부분일 것이다.

상사에게 억울할 만큼 스트레스를 받는 팀장이 있었다. 동료나 부하 직원과 특별한 문제도 없었다. 마음을 터놓고 이야기를 나눌 동료가 있었는데 다른 지역으로 옮긴 상태다. 출근하는 것이 답답하고 힘든 상황이다. 굉장한 스트레스성 고통으로 받아들인다. 가족에게도 말하지 못한 상태다. 그는 스트레스를 해소하지 못하고 점점 힘들어했으며 가슴이 답답하고 머리가 자주 아프다고 했다. 그의 얼굴빛은 점점 어두워졌고 어느새 질병이 나타나고 있었다.

그는 스트레스 상황을 심각하게 받아들인 것이다. 스트레스가 아예 없어질 순 없다. 하지만 상황을 받아들이고 이용하면 긍정적인 효과를 볼 수 있다. 그런데 대부분 심각한 상황으로 만들어간다. 안타까운 일이다. 스트레스가 건강에 주는 긍정의 기운을 이해하지 못하기 때문이다. 긍정 스트레스를 삶에 적용하는 것이 필요하다. 스트레스의 긍정 기운만 알아도 그와 같이 신체적 어려움을 겪지 않을 수 있기 때문이다.

나도 워킹 맘으로 동분서주하며 나름의 상황이 버겁다고 느낄 때가 있었다. 부끄러운 이야기지만 아이들에게 이런 말을 자주 했었다. "엄마는 진짜 정말 힘들다! 아빠도, 너희도 아무도 집안일 하나 도와주지 않고 나보고 어쩌란 말이냐! 진짜 이렇게 스트레스받다가 아프고 병 걸려서 일찍 죽을 것 같다. 그럼 알아서들 잘 살아!"

신세 한탄과 폭언에 가까운 넋두리였다. 나와 가족의 마음 모두 아프게 했다. 생각해보면 왜 그때 그런 이야기를 했을까 하는 후회와 안타까움이 가득하다. 하지만 지금은 그렇지 않다. 그렇다고 가족의 역할 분담이 크게 달라지지는 않았다. 상황은 거의 똑같다. 관련 강의와 공부를 통해 스트레스를 다르게 이해하게 되었고 삶을 조금씩 바꾸기 시작했다. 스트레스의 긍정 반응에 더 관심이 생겼다. 긍정의 해결점을 찾기 위해서 생각을 바꾸는 작업을 해보았다. '그래, 어차피 내가 하는 게 마음이 편하지, 이왕 할 거 즐겁게 그냥 웃으며 해보자.' 마음이 편해야 몸도 편하다는 말에도 공감하게 되었다. 이제는 당시 스트레스로 인해 더 많이 성장하고 조금은 단단해졌다고 느낀다. 확실히 스스로 조금은 달라졌다. 오히려 긍정의 기운을 위해 매사에 노력하는 편이다.

현대인이 가진 스트레스에 대한 오해는 너무 깊고 많다. 다행히 최근 스트레스가 신체의 저항력을 증가시켜 건강에 도움이 된다는 연구들이 속속 등장하고 있다. 하지만 몸소 경험하지 못하면 좀처럼 쉽게 이해하기 힘들다. 물론 스트레스가 우리에게 병을 주는 것도 사실이다. 그것은 스트레스를 잘못 사용했기 때문이다.

TO DO

스트레스 자체를 질병의 원인으로 오해하면 안 된다. 스트레스를 무료한 일상에서 만나는 '색다른 사건'이라 생각할 이유가 있다. 요리할 때 넣는 각자의 비법 재료가 있을 것이다. '스트레스를 해결 가능한 나만의 비법 재료'로 생각하는 것은 어떨까? 우리의 건강 유지를 위해 도움을 주는 각자의 비법이라고 말이다.

To Think

1. 자신이나 지인에게 나타났던 신체 이상의 원인을 스트레스 때문이라고 생각했던 적이 있다면 언제였나요?

2. 그렇다면 지금도 그렇게 생각하나요? 아니면 나름의 극복 방법을 찾은 것이 있나요?

잠깐 스트레스 좀 풀고 올게요

업무 스트레스와
성과의 관계

직장인들은 일터의 다양한 스트레스로 저마다 다른 반응을 경험한다. 스트레스 반응은 심리적, 신체적, 행동적 반응으로 나타난다. 이 반응은 그 조직의 업무 성과와 당연히 연결된다. 직원 개개인의 스트레스로 인해 목표 달성에 큰 손해를 보는 경우가 분명히 생길 수 있다. 개인의 건강과 발전뿐 아니라 조직의 성장을 위해 업무 스트레스를 잘 파악하고 잘 해결하는 것이 필요하다. "요즘 같은 시대에 직장에 다니는 것만도 얼마나 행복한지 모르나 보네? 참 나 아주 호강에 겨워서 저러네…"라고 말하는 사람이 있을 수 있다. 하지만 그 안에서 업무와 관계에 치이는 당사자는 나름의 고충을 분명히 가지고 있을 것이다.

직장인이 받는 스트레스

2018년 조사 결과 우리나라 국민이 가장 스트레스를 받는 활동 영역은 직장 생활(71.8%)이었다. 다음이 학교생활(49.6%), 가정생활(40.8%) 순으로 나타났다. 2008년부터 격년 주기로 시행되는 통계청 스트레스 조사를 분석한 결과도 마찬가지다. 그간 조사를 통틀어 스트레스 비율이 가장 높은 영역이 바로 직장이었다. 조사에서 직장 스트레스를 느낀다고 답한 비율은 20대가 73.4%, 30대가 80.9%, 40대 78.7%, 50대 72.4%, 60세 이상 55.0%로 나타났다. 30~49세가 특히 심한 스트레스에 시달리고 있었다. 직장에서 성과 압박을 가장 많이 느끼는 세대라는 데 아마도 동의할 것이다.

한국건강증진개발원의 보고서는 "만성화된 스트레스는 우울, 불안 장애, 당뇨, 암 등의 질환을 발생시키고 사회 안녕에도 위협이 된다."라며 "스트레스를 관리할 수 있는 서비스를 개발하고 조직 문화와 사회 제도를 개선하는 정책이 필요하다."라고 말한다. 보고서 내용대로 최근 많은 조직이 직원의 스트레스 관리에 관심을 두고 신경을 쓴다. 예산을 편성하고 교육, 상담 및 건강 관리에도 신경을 쓰고 있다.

캐나다의 한 연구에서도 고도의 스트레스를 받는 성인의 62%가 직장 업무를 스트레스의 가장 큰 원인이라고 대답했다. 물론 다른 원인도 있겠지만 직장인에게 업무 관련 상황은 무시할 수 없다. 이때 직장인이 느끼는 여러 스트레스는 건강뿐 아니라 성과 향상의 발목을 붙잡는다.

같은 회사에서 근무하는 두 사람이 있다. 직원 A는 직장 생활이 고되고 힘들다고 생각한다. 그래서 당장이라도 회사를 그만두겠다고 종종 이야기한다. 그는 사표를 써서 주머니에 넣고 다니기 시작했다. '그래, 누가 이 회사 계속 다닌대? 두고 봐, 조만간 내가 결단을 해야지. 진짜…' 하는 마음으로 생활한다. 직원 B는 회사 업무에 충실히 하려고 노력한다. 조금 힘들더라도 '여기서도 배울 건 분명히 있을 거야, 나한테 월급 주는 이곳을 감사하며 다녀야지.'라고 생각한다. 만약 이 두 명의 직원에게 똑같은 업무를 주었다고 생각해보자. 누가 더 성과 내는 일을 할 수 있을까? 아마 쉽게 상상이 될 것이다.

어린 시절 기억나는 장면이 있다. 아빠는 코미디 프로나 프로레슬링, 액션 영화를 좋아하셨다. 그때는 지금처럼 다양한 채널과 프로그램이 없었다. 두세 개 TV 채널에서 보여주는 것이 전부였다. 그 시간을 놓치면 지금처럼 다시 보기도 거의 불가능했다. 옆에서 아무리 여러 번 크게 불러도 못 들을 정도로 집중하셨다. 그때는 잘 이해되지 않았다. 이후에 비슷한 경험을 하게 됐다. 근무했던 곳에서 동료나 상사분 중 업무처리를 할 때 누가 불러도 그 소리를 듣지 못하는 경우였다. 물론 개인차와 상황에 따른 차이는 있겠지만 무엇인가에 몰두하는 상황이었다.

이런 몰두는 적당한 스트레스 반응이다. TV 시청의 경우, 프로그램 내용에 자연스레 감정이입을 하게 된다. 다양한 감정을 느끼며 그로 인한 스트레스 상황을 간접적으로 느낀다. 공포 영화를 보며 실제처럼 손에 땀을 쥐고 무서워하기도 한다. 달달한 연애 스토리가 나오면 저절로 입가에 미소가 번진다. 슬픈 장면이 나오면 많은 시청자가 따라 울며 함께 슬퍼한다. 요즘 유행하는 범죄심리 프로그램을 본 후 악몽을 경험하기도 한다. 다시 말해 스트레스가 가져오는 감정이입의 몰두가 보여주는 현상이다. 직장 업무도 그러하다. 몰두하는 것 자체가 그 업무로 인한 긴장의 스트레스 상황인 것이다.

여기서 언급하고 싶은 이야기가 있다. 사람에게 스트레스와 불안 등도 꼭 필요한 감정 중 하나다. "뇌는 어느 정도의 감정 단계를 느끼지 않으면 어떠한 행동을 하기 힘들게 설계되어 있다."라고 예일대 연구에서도 밝혔다. 적당한 정도의 스트레스가 주어져 행동이 고조되었을 때 업무 성과가 가장 좋다는 뜻이다. 버클리 대학의 연구도 "적당한 정도의 스트레스를 겪는 것이 장점이다."라고 발표했다. '적당한 정도'란 오래 계속되지 않으며, 개인이 스스로 스트레스를 통제할 수 있는 정도를 말한다.

지속성 없는 간헐적 스트레스성 사건은 뇌를 더 빠르게 움직이게 해준다. 이때 성과가 더 좋게 나타난다. 생각해보면 직장에서의 업무 스트레스는 간헐적 사건이 훨씬 더 많을 것이다. 《감성지능 2.0》 저자 트래비스 브래드베리 박사가 이렇게 말했다. "스트레스 상황에서 평온을 유지하는 능력이 업무 성과와 직결된다." 그는 100만 명 이상의 사람들을 조사했다. 그 결과 업무 능력이 우수한 90%는 스트레스 상황에서도 감정을 잘 조절하는 능력을 지니고 있었다.

감정을 잘 조절한다는 것은 다시 말하면 외부 압력에 휘둘리지 않고 본인 업무에 몰두하는 힘이 있다는 것이다. 거기엔 약간의 스트레스가 함께한다. 스트레스는 사람이 살아가는 것 자체와 업무 수행에 절대적으로 필요한 하나의 감정이다. 업무 성과는 스트레스 강도와도 분명하게 연결되어 있다. 원하는 성과와 목표 달성에는 적당한 스트레스가 뒷받침된다. 그 단계에서 업무에 몰입하고 몰두한다. 스트레스의 부재는 오히려 무기력하고 따분한 상황을 불러온다.

To Do

업무 상황에서 나에게 오는 스트레스를 반드시 피해야 하는 나쁜 존재로 인식

하지 말자. 물론 그 당시 '왜 나만?' '꼭 내가 해야 하나?' '정말 불공평하다.'

등 부정적 감정이 나타날 수 있다. 하지만 적절한 업무 스트레스가 있어야 일에

몰두할 수 있다. 가장 이상적인 업무 성과 향상과 원하는 목표 달성도 바로 이

때 나타나는 것임을 다시 한번 잊지 말자.

잠깐 스트레스 좀 풀고 올게요

1. 가장 큰 성과를 냈던 상황에서 느꼈던 스트레스는 무엇인가요? 그리고 그 상황을 어떻게 극복했나요?

2. 만약 그 상황이 다시 온다면 헤쳐나갈 준비가 되어있나요?

오로지
내 정신 건강을 위하여

사람들의 새해 목표나 버킷 리스트 등 삶의 계획에는 대부분 '운동'이 포함된다. 운동은 근육을 강화해 신체 건강 유지에 무엇보다 좋은 방법이다. 그렇다면 정신 건강은 어떤가? 적절한 스트레스는 정신을 건강하게 만들어준다. 즉 뇌를 단련시키고 '강한 멘탈'의 소유자로 만들어준다. 일명 '멘붕' 상태라고 말하는 멘탈 붕괴 상황을 생각해보자. 평상시와 다르게 허둥지둥하는 자신의 모습이 떠오를 것이다. 제대로 된 판단도 어려워진다. 처한 상황을 이겨내지 못해 일을 망쳐본 경험도 있을 것이다.

이때 빠르게 정상 상태로 돌아올 수 있도록 도와주는 것이 있다. 바로 스트레스를 통한 자극이다. 스트레스 반응으로 우리 몸에 다양한 호르몬이 분비되는데, 신기하게도 같은 호르몬이 긍정 작용과 부정 작용을 모두 한다. 그중 호르몬의 긍정 작용은 다양한 방법으로 정신 건강에 도움을 준다.

스트레스는 태아기부터

이 점을 주목해보자. 임신 여성의 경우 스트레스가 태아에게 안 좋은 영향을 준다고 믿는다. 특히 일하는 여성은 직무 스트레스도 합쳐져 걱정이 많을 것이다. 스트레스는 당연히 태아에게 영향을 준다. 그러나 중요한 것은 무조건 나쁜 영향을 주는 것이 아니란 점이다. 지금까지 발표된 100건 이상의 연구 결과에서 밝혀졌다.

생명에 위협을 받는 전쟁이나 테러에서 살아남거나, 노숙자 신세가 되는 극심한 스트레스 상황에서만 출산의 위험성이 증가했다. 일상생활이나 직장의 비교적 높은 스트레스는 위험성을 높이지 않았다. 임신 기간 중 어느 정도의 스트레스는 오히려 아기에게 도움이 된다고 한다. 나의 경우도 비슷한 것 같다. 큰아이를 임신했을 때 입덧이 너무 심했다. 게다가 그 당시 나는 학원에서 중고등학생을 가르치고 있었다. 시험 기간이면 밤늦게 일해야 했으니 스트레스도 많았다. 어느 날 약간의 하혈이 있어 병원에 갔고, 조심해야 하는 상황이라 일을 그만두었다. 그런 일련의 상황이 당연히 스트레스로 작용했고 걱정도 했었다. 그런데 걱정과 달리 아이는 너무나 밝은 긍정 에너지의 소유자다. 타고난 에너지가 넘치고 사람을 너무 좋아해서 어디서나 웃음과 밝음을 담당하고 있다. 다들 "정말 멘탈 하나는 강하다."라면서 어디서도 잘 살 거라고 걱정하지 말라는 아이로 성장하고 있다.

존스홉킨스대학 연구원들이 밝힌 결과는 이러했다. 임신 기간 중 스트레스가 많은 여성이 출산한 아이들과 대조군을 비교했다. 스트레스를 많이 받은 여성이 출산한 아이의 두뇌가 더 발달했다. 회복력을 알아보는 생물학적 척도인 심박변이 지수도 더 높았다. 태아는 자궁 속에서 엄마의 스트레스 호르몬에 노출되는데, 이때 태아의 신경계가 스트레스에 대처하는 방법을 배울 수 있었던 것이라 해석했다. 주변에 스트레스로 힘들어하는 임신 여성이 있다면 이렇게 말해보자.

> 약간의 스트레스는 태아에게 전달될 수 있어, 하지만 그 스트레스는 태아의 회복력을 높여 두뇌 발달에 도움이 되니 너무 걱정하지 않아도 괜찮아....

어린 시절의 스트레스가 뇌를 어떻게 변화시키는지 스탠퍼드대 파커 교수팀이 연구했다. 실험 결과 어미와 떨어져 지낸 원숭이들의 전두엽 피질이 더 발달했다. 전두엽 피질 중 공포 반응은 약화되었지만 충동 조절력은 길러주었다. 긍정적 동기부여를 높여주는 부분도 강화되었다. 보호받고 자란 원숭이들과 비교할 때 성장하며 느끼는 불안감도 적었다. 새로운 환경에 대한 탐구심이 높고 새로운 물건에 대한 호기심도 많았다. 나름의 용기를 얻은 것이다. 이런 효과가 성년기까지 지속되었다.

파커는 어린 시절의 스트레스가 뇌의 회복력을 강화해준다고 주장했다. 중요한 것은 이 결과가 특이한 것이 아니라 '뇌가 스트레스에 적응하는 자연스러운 과정의 일부'라는 것이다. 일 때문에 자녀들과 함께하는 시간이 부족해 걱정하는 부모들이 많다. 자녀의 성장과 정서적 측면을 염려한다. 굉장한 스트레스 상황으로 받아들인다. 위 결과를 잘 생각해보는 것은 어떨까? 현명하게 살펴본다면 위안이 되는 정보가 분명하다. 상황이 주는 걱정과 부정의 마음이 아니라 정신적 긍정력을 함께 키울 수 있다.

정신 건강과 노르아드레날린의 관계

우리 몸은 스트레스를 느끼면 그것을 뇌에 전달한다. 정보를 전달받은 뇌는 다양한 호르몬을 분비하며 활성화한다. 이 중 '노르아드레날린'이란 호르몬도 분비된다. 이것은 주의와 충동 부분에 영향을 주며, 심박수 증가와 분노의 감정을 느끼게 하여 분노의 호르몬이라 불리기도 한다. 스트레스 상황 발생 시 신체를 지키려 필요한 조치를 취하게 한다. 노르아드레날린은 신장 위쪽의 부신에서도 만들어진다. 그 후 혈액으로 방출된다. 스트레스 호르몬 중 하나이며 교감신경*활동을 활발하게 하는 대표적 물질이다. 이 물질과 정신 건강과의 관계를 살펴볼 필요가 있다.

첫째, 노르아드레날린은 생존 호르몬이다.

응급 상황 시 대처 반응을 주도하는 기능을 한다. 위기, 불안, 두려움, 도피, 투쟁의 전투태세에 진입 준비를 하는 것이다. 예를 들어 당

---

* 자율신경계 중 하나로 위급한 상황에 대하여 대처할 수 있게 하는 신경계(의학정보사전 참조).

신이 횡단보도를 건너는 상황이다. 다른 생각을 하다 신호등 보는 것을 깜박 잊었다. 갑자기 자동차 경적이 크게 울린다. 이런 상황에서는 재빨리 움직여야 한다. 이때 집중력과 신체활동 능력이 향상되고 신체에 여러 반응과 영향이 나타난다. 심장이 빨리 뛰고, 호흡이 가빠진다. 입이 바짝 말라 갈증을 느낀다. 말도 평상시처럼 하지 못한다. 이때 충동적이지만 조금은 방어적 공격을 하는 역할을 돕기도 한다. 이런 이유로 노르아드레날린을 생존을 위한 용기의 물질이라고도 한다. 일상의 위험에서 반응을 잘하도록 돕기 때문이다. 그래서 노르아드레날린은 우리에게 경계심과 조심성을 갖게 해주며, 생존 능력을 높여주고 위안을 주는 역할을 한다.

둘째, 감정 조절에 관계한다.

경험으로 보더라도 즐겁고 기쁘거나, 화나고 슬프거나 괴로운 등의 여러 감정은 복합적으로 나타난다. 변화도 많다. 하루에도 여러 번 감정의 변화를 경험해 보았을 것이다. 하지만 이유 없이 어느 한 방향으로 치우치면 좋지 않다. 우울증 등의 병이 나타날 수 있다. 예를 들어 힘든 일을 겪을 때 우울한 감정은 정상적 반응이다. 그러나 정당한 이유 없이 우울의 터널에서 헤어나오지 못하는 것은 병적 증상이다. 노르아드레날린은 신경계의 기능을 강화하고 정상적 활동을 돕는 작용을 한다. 신경계의 기능 유지는 감정의 조화와 유지에 필수적이다. 감정적으로 정상 생활을 하는 데 도움을 준다. 감정 조절 작용은 매우 중요하므로 노르아드레날린의 작용은 정신 건강에 꼭 필요하다.

생각보다 훨씬 더 강한 독성 물질이다. 화를 크게 낸 후 두통과 두 근거림, 식은땀 등을 경험했을 것이다. 독성이 주는 증상이다. 극심할 경우 신체와 정신 건강 모두 해칠 수 있다. 하지만 노르아드레날린의 독성은 필요하다. 이것이 감소하면 의욕 자체가 사라진다. 의욕의 근 본이라 할 정도다. 삶의 기본 의지를 가져오는 정신적 힘이다. 인간 생명의 원천은 독성 물질이 제공하는 비율이 크다고 한다. 노르아드 레날린 외 여러 신경전달 물질도 독성 물질이기 때문이다. 일반적으 로 효과 좋은 약품의 대다수가 강한 독성을 지니고 있다. 그래서 약의 오남용에 주의가 꼭 필요하다. 노르아드레날린도 비슷하다. 독성을 지녔지만 필요한 독성이다. 지나치지 않으면 된다. 적절한 스트레스 로 노르아드레날린을 활용해 정신 건강에 도움이 되도록 하면 된다.

또 하나, 적당한 스트레스가 노인들의 인지 기능에도 긍정 효과를 준다는 연구 결과가 있다. 이것 또한 노르아드레날린 덕분이라고 주 장한다. 뇌의 연결망을 찾아 인지 상태가 활발하도록 도와주기 때문 이다. 노르아드레날린 효과는 맥박과 주의력을 높이고 모든 것을 새 롭고 낯설게 만든다. 또 자신에 대한 의식과 뇌의 각성을 높여준다. 노년기인 분들에게 특히 더 중요하고 필요한 것이다. 정신적 의지를 깨워주고 뇌를 활발히 움직이게 한다. 뇌를 조금씩 강하게 단련시키며, 노년기에 찾아오는 정신적 질병을 이길 힘이 되어준다.

살다 보면 인생의 전 과정은 스트레스와 함께한다. 그 스트레스는 호르몬을 동반한다. 그 호르몬을 통해 뇌를 단련시킬 수 있고 정신 근육도 강화할 수 있다. 스트레스가 주는 정신 건강은 '요람에서 무덤까지'가 아니다. '태아부터 무덤까지'가 더 어울린다. 인생을 아우르는 스트레스로 정신 건강을 챙길 수 있는 것이다.

TO DO

우리는 스트레스로 인한 두통, 판단의 실수 등 복잡한 정신 상태를 경험하곤 한다. 하지만 일반적인 스트레스가 그렇게 만드는 것이 아니다. 스트레스 호르몬이 두뇌에 주는 영향은 생각보다 나쁘지 않기 때문이다. 오히려 도움을 준다. 급박한 상황 판단에 대한 용기를 준다. 분노 등의 감정을 평화롭게 조절해 주기도 한다. 뇌의 기능을 잃지 않게 한다. 강한 정신력에 도움을 준다. 우리가 살아갈 수 있는 근원을 알게 해준다. 스트레스 호르몬을 통해 우리의 뇌를 강하게 단련해보자.

잠깐 스트레스 좀 풀고 올게요

To Think

1. 스트레스로 인해 가장 극심한 정신적 혼란을 겪은 시기가 있다면 언제인가요?

2. 정신 건강을 위해서 앞으로 만날 스트레스를 어떻게 대할지 자신만의 방법을 생각해 본다면 어떤 것이 있나요?

사회 참여도를 높이는 스트레스

　지치고 외로울 때 내 이야기를 들어줄 사람이 있으면 얼마나 좋을까? 때론 일을 마친 후 누군가와 차를 한잔하며 답답하고 가슴 아픈 속내를 이야기하고 싶을 때가 있다. 이런 상황은 우리에게 익숙한 어떤 호르몬과 관련이 있다. 그 이야기를 해보려고 한다.

　스트레스 상황에서는 다양한 호르몬이 분비된다. 또, 그 상황을 어떻게 인식하느냐에 따라 분비되는 호르몬 종류도 달라진다고 한다. 그중 우리에게 친밀함과 신뢰감을 높여주는 것이 있다. 사회성 향상에 도움을 주기도 한다. 이 호르몬 작용을 통해 우리의 삶이 더 풍부해질 수 있다는 중요한 이야기다.

　지금은 '공존의 시대'라는 표현이 딱 어울리는 시절이다. 함께 이뤄나간다는 것은 정말 중요한 일이다. 혼자만의 의견을 주장하고 다른 사람과 합의점을 찾지 못하는 사람들이 간혹 있다. 이들에겐 주위에서 오랫동안 함께하는 사람을 찾아보기 어렵다. 의견 조율이 필요한 프로젝트에서 다른 사람의 생각을 무시하는 사람도 있다. 제대로 들어보지도 않고 본인의 의견만 옳은 것처럼 말한다. 듣긴 하더라도 결국 자기의 의견이 결과가 되길 바라는 사람이 있다. 그동안 나의 경험에도 그런 사람들이 있었다. 이후 내린 결론은 그 사람과는 절대 같이 일하고 싶지 않다는 것이었다. 하지만 때론 다시 일해야 하는 상황도 분명히 생긴다. 그때는 아마 형식적 관계에서만 협업하게 될 것이 분명하다.

요즘은 초등학교부터 시작해 중고등학교 모두 협업하며 이뤄야 하는 과제가 많아졌다. 대학생을 비롯한 성인도 각각의 영역에서 팀 단위 협업이 많다. 많은 부분에서 그러한 상황이 자연스러워졌다. 이런 시대에 사회성과 사회적 참여도는 매우 중요한 각자의 무기가 될 수 있다. 현명하고 지혜롭게 사회생활을 하는 원천이기 때문이다. 개인 차는 있겠지만 무엇인가를 한다는 것 자체가 어느 정도 스트레스를 동반한다. 그리고 스트레스는 여러 형태로 작용한다. 다양한 스트레스 상황은 그때 분비되는 호르몬의 영향을 많이 받는다. 이점을 기억해두자.

유대감 강화

스트레스는 여러 호르몬과 함께한다고 계속 이야기하고 있다. 그중 '옥시토신'이란 호르몬이 있다. 아마 익숙한 호르몬일 것이다. 일명 '사랑의 묘약'이라 일컫는다. 모성 본능을 강하게 가진 여성의 특성은

바로 옥시토신의 분비 결과라고 한다. 또 남녀가 애정이 생길 때 분비
되는 것으로도 알려져 있다. 옥시토신은 뭔가 따뜻한 보호의 느낌으
로 생각할 수 있다.

심하지 않은 단기 스트레스는 옥시토신의 분비를 촉진시켜 준다.
이때 옥시토신은 사람 사이의 정서적 거리를 좁혀주는 역할을 한다.
스위스 취리히 대학의 연구에서 옥시토신을 코에 뿌리기만 해도 상
대에 대한 신뢰감이 높아지는 재미있는 결과가 나타났다. 신뢰감 향
상을 통한 서로 간의 유대감 강화는 인간관계뿐 아니라 다른 영역에
서도 매우 중요한 요소다. 옥시토신은 스트레스 호르몬이기도 하지만
행복 호르몬이라고 표현하는 것이 더 와닿는 이유다.

취리히 대학의 실험처럼, 함께 지내는 가족들, 함께 일하는 사람들
사이에 옥시토신을 조금씩 뿌린다고 상상해보자. 상상만으로도 뭔가
재미있고 기대되지 않는가? 아마 서로에 대한 믿음과 이해의 부족으
로 생기는 오해와 갈등이 줄어들고, 서로 신뢰하며 이해하는 마음이
커질 것이다. 함께하는 그 자체의 행복감과 유대감도 높아진다. 일상
생활 중 받는 적당한 스트레스가 이 옥시토신의 분비를 증가시킨다는
점은 굉장히 신선하고 의미가 있다.

사회적 결속력의 증대

'당신에게도 있나요? 영원한 내 편'이란 포스터 문구로 마음을 따뜻
하게 했던 영화가 있다. 많은 사람의 마음을 대변해주는 메시지였다.

누구나 영원한 내 편에 대한 욕심과 동경이 마음속에 있을 거다. 혼자라고 느끼며 외로운 마음이 들 때가 있다. 내 편이 하나도 없다는 것은 우울하고 굉장히 마음 아픈 일이다. 다른 사람과 합의점을 찾기 힘들고 지칠 때, 우리는 나를 보호해줄 사람들이 주변에 존재하기를 본능적으로 원한다.

'옥시토신 분비 수준이 낮은 경우 다른 사람의 감정을 이해하는 공감 능력이 다소 떨어진다.'라는 결과를 영국 카디프 대학 연구팀이 발표했다. 공감 능력은 사람들과의 관계에서 매우 중요하다. 여기서 '공감' 이야기를 잠깐 하려 한다. 흔히들 "공감! 공감!" 하고 많이 외친다. 이것이 사람과의 관계를 따뜻하게 만드는 중요한 것임은 확실하다. 공감의 어원을 분석하면 '상대의 감정으로 들어가는 것'이라 할 수 있다. 그렇다면 수많은 감정의 근원은 무엇일까? 강의 중 이 질문을 하면 정말 다양한 대답이 나온다. 그런데 정답이 잘 나오진 않는다. 다양한 감정 중 고르기 쉽지 않을 것이다. 수많은 감정의 근원은 바로 '고통'이라고 한다.

다시 말해 공감은 상대의 고통 안으로 들어가는 것이다. '좋은 감정도 이해하기 힘든데 상대의 고통 안으로 들어가라고? 그게 되겠어?'라고 생각할 수도 있다. 자신의 고통을 제대로 이해하기 힘들 때도 많다. 하물며 상대의 고통까지 제대로 이해한다는 것은 쉽지 않다. 그렇기에 진정한 공감, 100% 공감은 쉽지 않고 엄청난 노력이 필요하다. 그런데 이렇게 중요한 공감이 옥시토신의 효과로 증대될 수 있다는 것은 매우 의미 있다.

옥시토신의 분비는 다른 사람과의 결속 관계를 증가시킨다. 옥시토신은 혈관을 확장해 혈압을 낮춰주는 역할을 한다. 그리고 반대 성향의 호르몬인 아드레날린의 생산 억제에도 영향을 준다. 뇌의 사회적 본능을 미세하게 조정하여 친밀한 관계를 만들도록 준비시킨다. 그리고 이를 돕고 지지하는 역할도 하고 있다. 그만큼 옥시토신은 우리에게 필수불가결한 호르몬이다. 뇌하수체에서 스트레스 반응의 일부로 옥시토신을 분비시킨다. 그때 신기하게 그 사람을 믿어주고 지지해줄 사람을 찾도록 자극한다고 한다. 이 자극을 통해 삶이 고달프고 힘들 때 자신을 보살펴줄 사람들 속에 함께 있기를 원하고, 실행하게 되는 것이다.

사회적 참여도 증가

적당한 스트레스는 사람을 사회적으로 만든다. 지금까지 옥시토신이 가진 장점을 살펴보아 잘 알 것이다. 이 옥시토신은 뇌뿐 아니라 신체에도 영향을 준다고 한다. 신체에 작용하는 옥시토신의 주된 역할은 스트레스의 영향에서 우리의 심혈관을 보호하는 일이다. 치료제 역할까지도 한다. 스트레스를 받는 동안 이완된 상태의 혈관을 유지시킨다. 스트레스로 인해 어떤 손상이 생겼다면 그 세포가 재생하고 치유되도록 도와준다. 이는 심장을 강하게 해준다.

여기서 주목할 점이 있다. 이렇게 좋은 옥시토신의 긍정적 효과가 사회적 접촉과 사회적 지지로 더 강화된다는 것이다. 예를 들어 주변 사람이 스트레스를 받는 상황을 목격했다. 이때 찾아가 위로해주고 도와주려고 하는 행동을 할 때 옥시토신이 더 방출된다는 뜻이다.

생각해보자. 누군가의 위로와 신뢰가 필요한 순간이 있었을 것이다. 물론 자신의 힘으로 잘 조절해서 일련의 사건이나 스트레스 상황을 잘 이겨낼 수도 있다. 하지만 대부분은 누군가 옆에 있다는 것이 큰 위로가 된다. 얼굴을 맞대고 고민을 얘기하면 스트레스 반응이 더 건강하게 나타나는 것이다. 이는 스트레스로부터 더 쉽게 해방되고, 빠르게 회복되는 지름길이다. 유난히 사람을 좋아하고, 많은 사람과 자주 만나고, 다른 사람의 어려움을 잘 도와주려 애쓰는 사람이 있다. 누군가의 안타까운 소식을 들으면 재빨리 자기 일인 양 앞장서는 사람도 있다. 주변에 이런 사람이 있다면 다른 사람보다 옥시토신과 가까워 스트레스를 잘 다스린다고 생각하면 될 것 같다.

TO DO

사회적인 관계 강화와 사회적 참여도를 높이는 '관계의 묘약'이 바로 옥시토신이다. 옥시토신이 가진 사회성 증대라는 긍정의 역할을 각자의 생활에 적용하는 지혜가 필요하다. 우리에게 벌어지는 상황들이 과다한 스트레스가 되지 않고 적절한 자극이 되도록 해야 한다. 옥시토신의 역할이 긍정적이게 만들어야 한다. 스트레스 상황에서도 관계 개선을 통해 사회성 발전과 긍정적 생활을 만들어갈 수 있다는 것을 기억하자.

1. 누군가의 위로가 필요했던 순간 나에게 다가온 사람이 있었다면, 그 사람의 특징은 어떠한가요?

2. 당신은 옥시토신을 사회적 관계에서 잘 사용하고 있다고 생각하나요?

3. 자신에게 나타나는 긍정적인 옥시토신의 효과를 생각해 보세요.

성취감을 일깨우는 스트레스 자극법

학생들의 시험, 직장인의 업무 스트레스 상황은 종종 발생한다. 어느 시점 그것들을 잘 해결하는 순간이 있다. 스트레스 해소뿐 아니라 그 경험이 노하우가 된다. 자신감도 생기며, 자신감은 성취감으로 연결된다. 무엇인가 해냈을 때 성취감을 느껴본 적 있을 것이다. 이는 나중에 어떤 일을 할 때 큰 활력소 역할을 하게 된다. 이것이 스트레스가 우리에게 주는 또 다른 선물이다.

동기부여 강화

스트레스에는 업무 완수에 대한 동기부여와 수행 능력을 높이는 유스트레스가 있다. 이를 '적정 스트레스'(Eustress)라 하며 다양한 스트레스 요인에 대응하고 활용할 수 있는 상태를 말한다. 이는 긍정적 결과를 가져온다. 예를 들어 과제나 업무의 정해진 마감 시간이 유스트레스를 가져온다. 물론 유스트레스만 존재하는 것은 아니다. 마감에 대한 심한 압박감은 생산성을 떨어뜨리기도 한다. 인생의 어려운 과제에 위협을 느끼는 고통의 스트레스도 존재한다.

"합리적으로 수립된 마감 시간은 집중도를 높여 생산성을 높일 수 있다."라는 셀톤 박사의 말처럼, 적당한 유스트레스는 개인의 의식 수준 향상과 몰입 상황을 돕는다. 잠재된 역량을 발휘하게 하여 성취감 향상을 가져온다. 내게 대학원은 입학부터 쉽지 않았다. 학부 졸업 후 17년이나 지난 늦은 입학이었다. 진학을 결심 후 실행도 오래 걸렸다. 인기 있는 전공이기도 했기에, 입학은 흔히 말하는 3수로 어렵게 합격했다. 지금과 마찬가지로 여러 역할을 하는 시기였다. 워킹 맘의 생활 자체도 쉽지 않았는데 주 3회 나가는 수업은 만만치 않았다. 집에 돌아오면 새벽 1시 가까이 되었다. 지금 다시 그때로 돌아가라면 할 수 있을까 하는 의문이 들 정도다.

힘들게 입학했기에 논문이 통과되어 제때 졸업하는 것이 목표였다. 쉽지 않은 과정이었다. 논문이라는 산을 누구보다 높게 느꼈다. 동기들보다 많이 부족한 상황이었다. 동기, 선후배 사이에서 한없이 낮아질 때가 많았다. 학기에 한두 번은 돌아오는 버스 안에서 펑펑 울기도 했다. '정말 뭐 하러 힘들게 이러고 다니지? 누가 시킨 것도 아닌데 말이야! 졸업한다고 인생이 드라마틱하게 변하는 것도 아닌데, 늦은 나이에 괜히 왔나… 이럴 필요가 있었나?' 등등 자신감 하락이 가득했었다. 나의 선택이라 누구한테 하소연하기도 어려웠다. 자신감이 없어지니 점점 자존감도 바닥을 쳤다. 해낼 수 있을까 하는 의문이 엄청난 스트레스로 작용했던 시기다.

논문은 마감 기한이 확실하고 그것을 못 지키면 재도전해야 했다. 시간과 비용, 여러 가지 불확실한 결과가 불안한 마음을 크게 했다. 이 과정을 유스트레스 상황으로 인지하고 이겨나가는 힘이 필요했다. 만약 견디지 못했다면 아직도 졸업 가운을 입지 못했을 것이다. 감사하게도 함께하는 동기들과 서로의 고민을 공유하며 스트레스를 줄이기 시작했다. 부족한 나를 응원해주며 마감 기한까지 할 수 있다고 용기도 주었다. 졸업 가운을 멋지게 입고 축하받는 졸업식 장면을 상상하기도 했다. 기한 안에 완성을 위한 계획을 세웠고, 실행을 통해 동기부여에 힘을 쏟았다. 논문 통과라는 스트레스를 적당하고 유익한 스트레스로 인지하려 노력했다. 그 기간을 합리적으로 생각하니 차근히 실행할 힘이 생겼던 것 같다. 해낼 수 있다는 자신감도 조금씩 생겼다. 그것이 동기부여의 마음을 가져오게 했다.

논문에 대한 스트레스가 처음에는 큰 불안감으로 작용하여 할 수 없을 거라고 걱정했다. 중간 심사를 앞둔 전날 딸 방에서 엉엉 울었던 기억이 생생하다. 포기할까 생각도 많이 했다. 하지만 계획을 세우고 하나씩 진행하기로 했다. 동기들이 연락해주고 서로를 격려해 나갔다. 해낼 것이라 상상하며 조금씩 자신감을 키워나갔고 자신감은 실행으로 이어졌다. 기한 안에 부족하지만 어쨌든 결과물을 만들게 됐다. 스트레스는 마음 편한 사람들을 최적의 상태로 만들어주고, 걱정 많은 사람들을 최적의 상태에서 멀어지게 한다. 자신이 해야 할 과제에 대해 마음 편한 상태를 만들도록 노력해야 한다. 스트레스를 적당하게 받아들여 최적의 상태가 되도록 말이다.

여키스-도슨 법칙을 기억하기

적당한 스트레스는 최적의 성과를 위한 긍정적 영향을 가져온다는 연구가 있다. 1908년 미국의 심리학자 로버트 여키스와 존 도슨이 밝혀낸 법칙이다.

실험 대상에게 과제를 부여하고 그 수행 능력을 측정했다. 뇌와 신체가 흥분하거나 '각성' 상태여서 바로 행동을 취할 수 있을 때 수행 능력이 높아진다는 사실을 밝혀냈다. 적당한 '각성' 정도일 때 일이나 공부의 효율성이 가장 높다는 것이다. 여기서 '각성'이란 호르몬 등의 분출로 근육 긴장도와 심장 박동수가 증가하는 때이다. 또 감각이 예민해지는 상태이기도 하다. 몸이 생리적, 정신적으로 힘든 상황이거나 스트레스를 받을 때 각성 상태가 되기도 한다.

각성도가 적당할 때 수행 능력이 최적화되고, 각성도가 낮거나 0일 때는 수행 능력이 떨어진다. 한편 각성도가 지나치게 높으면 수행 능력이 떨어진다. 또 과제의 특성에 따라 간단한 과제는 각성 수준이 상대적으로 높을 때 효율성이 최대가 되고, 어려운 과제는 각성 수준이 상대적으로 낮을 때 효율성이 최대가 된다. 다음 그림이 이를 잘 설명하고 있다.

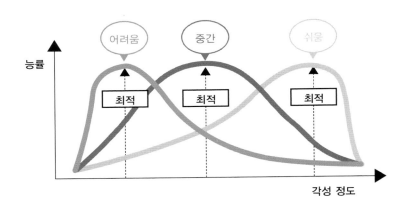

 논문이 너무 어려워 포기하려 했을 때 나의 각성 정도는 최상이었을 것이다. 가만있어도 눈물이 나며 자책하던 순간들이다. 그 순간의 각성을 동기들의 위로와 격려로 조금씩 낮출 수 있었던 것 같다. 그리고 마음을 내려놓고 '그래, 어쨌든 해보자.'라는 각성 수준을 만들었을 때 결과물이 나올 수 있었다.

 어떤 일을 기한 없이 하거나 혼자 할 때 속도는 늦어지게 된다. 그런데 마감 직전에는 집중력이 생긴다. 스트레스에 적응하면 상황에 대한 대처 능력도 빨라진다. 스트레스성 자극이 삶의 잠재력을 최대로 높여주기 때문이다. 자극은 자신감도 상승하게 만든다. 이 과정을 통해 우리는 성취감도 느낀다. 우리에게 다가온 스트레스 자극이 성취감을 만들어주는 원동력이라 생각해보면 좋을 것 같다.

잠깐 스트레스 좀 풀고 올게요

To Do

인생을 살다 보면 여러 가지 일을 만나게 된다. 때론 자신감이 낮아 실패를 맛볼 수 있다. 당시의 스트레스 상황이 불리한 쪽으로 작용한 것이다. 힘들고 답답한 상황도 편하게 생각하자. 스트레스는 나쁜 적이 아니라 가끔 만날 수 있는 반가운 친구라 여겨보자. 긴장되고 떨리는 마음을 적정 수준으로 만들자. 이 과정을 통해 자신감이 생긴다. 자신감은 해내고자 하는 일에 대한 결과물을 만나게 해줄 것이다. 스트레스가 발전의 기회가 될 수 있다는 것을 기억하자.

To Think

1. 해낼 수 없을 것이라 생각되어 괴롭고 힘들었던 경험이 있나요?

2. 힘들었던 일을 해낸 뒤 기쁨과 성취감을 느꼈던 상황이 있었나요?

3. 자신이 그 상황을 견뎌냈던 원동력은 무엇이었을까요?

잠깐 스트레스 좀 풀고 올게요

워라밸을 위한
묘약

신통한 효험이 있고, 문제 해결에 효과적인 것을 묘약이라 한다. 스트레스는 우리 삶에서 묘약 역할을 반드시 할 수 있다. 일터나 가정, 또 다른 곳에서 이 묘약의 효과를 경험할 수 있는지는 자신에게 달려 있다. 효과를 믿지 않기 때문에 경험하지 못할 수도 있다. 그렇다면 앞서 이야기한 스트레스의 장점들을 이용해보자. 스트레스를 통해 얻을 수 있는 좋은 점은 많다. 학자들이 점점 장점을 찾아내고 연구하고 있다. 그만큼 가치가 있다는 증거다. 삶의 에너지를 얻을 수 있는 묘약을 잘 만나보는 것은 어떨까?

실험과 연관된 스트레스

심리학자 크럼은 사람의 믿음이 건강과 체중에 미치는 영향에 대해 흥미로운 연구를 진행했다.

호텔 객실 청소를 하는 하우스키퍼가 대상이었다. 객실 청소는 육체적으로 매우 힘든 노동에 속한다. 시간당 300kcal 이상 소비된다. 역도, 발레, 테니스 등 강도 높은 운동을 할 때와 비슷하다고 한다. 그런데 놀랍게도 이분들의 혈압, 허리-엉덩이 비율, 체지방 등은 사무실에 앉아서 근무하는 직원들과 거의 동일했다. 크럼은 객실 청소를 운동과 비교한 칼로리 소비량이 적혀진 포스터를 만들었다. 매트리스들어 올리기, 수건 줍기, 진공청소기 돌리기 등의 소비 칼로리를 각각 적어놓은 것이다. 실험 대상 7개 호텔 중 4개 호텔에 이 포스터를 제공했다. 나머지 3개 호텔은 운동 효과 등에 대한 정보를 제공하지 않았다. 4주 후 확인 결과 4개 호텔 하우스키퍼들의 체중과 체지방이 모두 줄었다. 혈압도 낮아졌다. 이들의 행동에 달라진 점은 없었다. 단지 포스터를 통해 자신의 업무에 운동 효과가 있다는 정보를 보고 인지했을 뿐이다. 비교 집단인 3개 호텔 하우스키퍼들에게선 별다른 변화가 나타나지 않았다.

또 하나의 실험을 살펴보자. 참가자에게 두 가지 음료를 마시게 하고 '배고픔 호르몬'이라 불리는 그렐린의 수치를 측정했다. 그렐린 수치가 증가하면 배고픔을 느끼고, 감소하면 배고픔을 느끼지 않는다. 예를 들어 공복 상태에서는 그렐린이 상승하고 식욕이 증가한다. 반대인 포만 상태에서는 그렐린이 감소하고 식욕도 억제된다. 참가자가 마신 두 음료 중 하나에는 '그대가 누릴 사치(620kcal)'라고 적혀있었고, 다른 하나에는 '죄책감 없는 만족감(140kcal)'이라고 적혀있었다.

실험 결과는 예상 대로다. '620kcal'라고 적힌 음료를 마신 후 그렐린 수치는 눈에 띄게 감소했다. '140kcal' 음료를 마신 후에는 수치가 조금밖에 줄지 않았다. 그런데 사실 두 음료수는 모두 동일하게 380kcal였다. 그렐린 수치의 차이를 만든 것은 참가자가 마신 음료가 아니라 '음료에 대한 믿음'이었다. 하우스키퍼와 음료 실험 모두 인식이 변하여 나타난 신체 반응이다. 우리의 생각과 믿음이 결과를 달라지게 하는 힘을 가지고 있던 것이다. 잘 알고 있는 플라시보 효과와 비슷하다. 이를 스트레스에도 똑같이 적용하면 된다. 스트레스를 어떻게 인식하느냐가 중요하다. 행복과 건강에 관한 반응과 생각이 다른 결과를 가져올 것이다.

스트레스 호르몬도 좋은 친구

스트레스 호르몬인 코르티솔을 이용해 치료 효과를 보는 경우도 많다.

베른 대학 정신의학과 조라비아 박사는 코르티솔을 이용해 거미공포증 환자를 치료했다. 한 달 후 환자는 스트레스 호르몬이 포함되지 않은 플라시보 약을 먹은 비교 집단보다 여유를 찾았다. 고소공포증 환자들도 비슷한 효과를 경험했다. 치료 1시간 전 코르티솔 알약을 먹자 효과가 오래 지속되었다. 심지어 외상 후 스트레스 증후군 환자들도 긍정적인 효과를 보았다. 코르티솔 치료 후 악몽을 꾸는 횟수가 많이 줄어든 것이다. 이 효과는 단기에 그치지 않고 장기적으로 나타나 아픈 기억을 거의 떠올리지 않게 되었다고 한다.

우리에게 '투쟁 반응'과 '도피 반응'의 스트레스 상황이 있다. 원시

시대를 상상하면 된다. 더 심해지면 투쟁도 도피도 못 하는 상태에 빠진다. 이 단계를 '좌절 반응'이라 한다. 이에 반해 인간만이 갖는 스트레스 반응 중 좋은 것들이 있다. '도전 반응', '친교 반응', '배려 반응'이다. 스트레스 반응이 도전과 친교, 배려의 행동을 가져오는 것이다. 자신뿐 아니라 주위 사람들에게도 좋다. 삶을 더 건강하고 풍요롭게 해주니 말이다. 기쁨과 행복을 주는 이 반응들을 우리의 친한 친구로 만들어가면 어떨까?

'정말 그때는 상상하기도 싫어!' 하며 스트레스가 안 좋은 기억으로 남아있는 경우가 많다. 스트레스의 좋은 점을 아예 생각하지 못하게 된다. 머릿속에서 스트레스의 개념을 다시 세워보자. 분명히 변할 수 있다. 스트레스는 필요한 존재다. 물론 모든 것이 그렇듯 스트레스 호르몬도 '좋은 약'이자 '독'이 될 수 있다. 잘못 사용되면 해가 되는 것은 확실하다. 하지만 적절한 분량을 잘 사용하면 유익한 점이 훨씬 많으니 너무 겁내지 않았으면 좋겠다. 몇 년씩 이어지는 상황이 아니라면 일정 기간의 스트레스는 좋은 점이 더 많을 수 있다. 스트레스가 삶에서 필요한 친구 역할을 제대로 해줄 것이다.

일터에서의 직무 스트레스는 당연히 우리를 힘들게 한다. 하지만 그 상황이 도전 반응을 일으켜 업무에 몰입하게 된다. 좋은 성과도 낸다는 사실을 확인했다. 적절한 스트레스를 통해 업무 상황에서나 그 외 다양한 삶의 영역에서 도움을 받을 수 있다.

스트레스 반응이 강했을 때 뒤에 오는 진정 효과가 크다. 강한 스트레스는 최고의 긴장 완화 상태를 만나게 해준다. 제각기 많은 경험이 있을 것이다. 한 번 만났던 스트레스 상황이 다른 상황을 극복하게 만든다. 스트레스는 스트레스를 이겨내게 해준다.

이 순간 혹시 스트레스를 받아 호흡이 가빠지고, 가슴이 답답하고 허둥지둥하는 상황일지 모른다. 이것은 우리를 위한 반응이다. 용기를 낼 수 있는 상황이다. 스트레스로 스트레스를 받을 필요가 없다는 것을 꼭 기억하자. 스트레스를 우리 삶의 묘약으로 만드는 지혜를 가져보자.

To Think

1. 주변에 스트레스를 극복하고 더 행복한 삶을 사는 사람을 한 명 떠올리고, 그 방법을 생각해 보세요.

2. 스트레스를 통해 발전하게 될 모습을 상상하며 멋진 자신의 미래 모습을 떠올려 보세요.

잠깐 스트레스 좀 풀고 올게요

5단계

4단계

3단계

2단계

1단계

스트레스를 대하는
올바른 자세

내면의 부정 대화는
stop!

자신과의 대화는 자신을 들여다볼 수 있고 더 나은 모습을 계획하는 좋은 방법이다. 하지만 부정적 대화는 오히려 스트레스를 증가시킨다. 자신과의 대화는 행복하고 긍정적일 때 필요하며 유익함을 가져다주기 때문이다.

심리학에서 우울증 환자가 보이는 절망감의 시작은 내면의 부정적 대화에서 비롯된다고 한다. '아무 쓸모 없는 사람 같아⋯.' '나는 어떤 것도 성취할 수 없을 거야⋯.' '출구 없는 곳에 갇혀있는 느낌이 들어.' 같은 생각에서 시작된다. 이런 부정적 생각이 중심을 이루는 내면 대화는 그 사람을 파괴할 수 있으며 어떤 스트레스 상황보다 심각해질 수 있다. 또 나 자신을 발전시키지 못하게 된다. 이런 상황의 지속은 고통을 가져다줄 수밖에 없다.

스트레스에서 자유롭기 위해 자신 안에 있는 부정적 생각을 이겨내야 한다. 내면 대화를 긍정적이고 행복하게 만들려면 지금 자신의 내면 대화는 어떠한지 점검할 필요가 있다.

자신과의 부정 대화는 빨리 stop!

부정적 자기 대화를 빨리 끊는 것은 스트레스 관리에서 매우 중요하다. 부정적 생각에 깊이 빠져있으면 점점 더 깊이 그 생각에 큰 힘을 실어주게 된다. 부정적 생각은 그저 생각일 뿐, 사실이 아닐 때가 많다. 부정적인 내면의 소리에 빠지면 위험하다.

스스로 부정적 생각이 많아진다고 판단되면 일단 멈춰야 한다. 분노 조절에서도 가장 중요한 것은 그 생각에서 벗어나는 '멈춤'이다. 부정적 내면 대화도 똑같다. 일단 멈춰라. 부정의 생각은 오래 지속되면 안 된다. 부정적 대화를 단번에 멈추는 일은 쉽지 않다. 이렇게 해보자. 자기 생각이 부정적으로 빠르게 가고 있을 때 그 생각이 속도를 올리지 못하게 해야 한다. 속도를 줄여나가면 스스로 평가할 수 있는 여유가 생기기 마련이다.

지인이 SNS를 통해 내게 보내주었던 글이 생각난다. 일반적 대화만이 아니라 내면의 대화에서도 그대로 적용하면 좋을 것 같다.

당신의 말이 긍정적이라면 삶도 긍정적이겠고
당신의 말이 칭찬 가득하면 삶에도 감사가 넘쳐나겠죠.
반면에 말이 부정적이라면 삶도 엉망일 테고
말에 불만만 가득 차 있다면 무미건조한 삶 속에 빠져 있겠죠.

당신의 인생이 마음에 들지 않거든 말부터 바꿔보세요.

– SNS를 통해 지인이 보내준 글

부정적 생각은 일단 쓰자, 그리고 생각하자

강의 중 스트레스 해소법을 묻는 경우가 종종 있는데, 이 중 인상 깊게 기억하는 대답을 모아봤다. 다양하고 재미있는 답변이 많았다.

- 잠을 자요.

- 혼자 그냥 가만히 있어요.

- 소리 지르고 노래 불러요.

- 기도를 하죠.

- 술 한잔이 최고예요.

- 이야기해요.

- 흡연량을 늘려요.

- 마음 맞는 지인들과 수다 떨어요.

- 쇼핑해요.

- 운동이나 산책을 해요.

- 목욕탕에 가요.

- 친구를 만나 맛있는 음식을 먹어요.

- 여행을 가요.

- 그냥 TV나 영화를 봅니다.

– 명상해요.

– 크게 울어요.

– 음악을 크게 틀고 운전해요.

– 역시 게임이죠.

이렇게 여러 의견을 듣다 보면 재미있고 신선한 해소법도 많다. 한 분이 조용히 이렇게 대답하셨다. "저는 글을 써요!" 짧은 그분의 대답에 주변에서 "오⋯!" 하는 감탄사가 나왔다. 처음 들어보는 대답이어서 "와⋯! 글을 쓰신다는 대답은 처음이에요. 멋져요! 그럼 혹시 어떤 글을 쓰세요?" 하고 다시 질문을 드렸다. 그분의 대답을 듣고 처음에는 모두 놀랐다. 하지만 바로 이어서 모두가 크게 웃었다. 그분의 대답은 이러했다. "스트레스를 받으면 욕을 써요."

글을 쓴다는 대답에 어떤 글을 쓸까? 소설, 시, 에세이 등을 생각했는데 욕을 쓴다는 대답이 모두에게 신선하게 다가왔다. 뒤이은 그분의 대답에 공감되었다.

정말 화가 나고 속상하고, 힘든 일이 있었는데 마침 옆에 종이와 펜이 있어서 우연히 글을 쓰게 되었어요. 저절로 첫 글은 욕으로 시작되더라고요. 말로 하지 못했던 것이 적나라하게 표현되더라고요. 누가 볼 것도 아니라 아주 편한 마음으로 욕을 썼어요.

다시 읽어보니 실망감, 분노, 화 등의 부정 감정이 심한 욕으로 써졌어요. 마음이 후련할 정도였죠. 정말 부정의 감정을 그대로 적었거든요. 그런데 글을 죽 쓰다 보니 마지막 부분이 시작과 달라져 저도 깜짝 놀랐어요. 내가 그때 이렇게 하면 되겠구나 하는 깨달음이 떠오르고, 스스로에 대한 반성도 되더라고요. 앞으로 그런 일이 있을 때 대처 방법 등 계획과 실행 방안도 적혀 있더라고요. 그리고 답답한 마음이 후련해지고 기분이 너무 좋았어요. 그 이후 저는 스트레스가 심할 때 종이를 꺼내 항상 적게 되었어요.

그분의 진심 어린 대답은 함께 듣던 다른 분들의 고개를 절로 끄덕이게 했다. 글을 적다 보면 생각이 정리된다. 사람은 생각의 정리 끝에 자신에게 도움이 되는 방향으로 나아가려는 의지가 나타난다. 부정적 생각을 글로 쓰더라도 결국은 밝고 긍정적인 생각이 떠오를 가능성이 크다. 자신의 글에 '절대', '결코', '최악'과 같은 단어들이 있다면 잠시 멈춰보자. 그리고 생각해보자. 그것이 옳은 방향이 아니라는 것을 스스로 깨닫게 될 것이다. 앞날을 위한 긍정의 메시지를 쓰게 될 날을 믿어보자.

TO DO

누구에게도 말하지 못하고, 스스로 부정의 굴레에 빠지는 시기를 경험할 수 있다. 점점 더 심해지면 부정의 스트레스가 확실해지는 상황이 찾아온다. 자신도 모르게 내면의 부정적 느낌이 차오른다면 일단 멈추어보자. 그리고 감정을 적어보자. 그 순간 생각할 여유가 생기고, 스스로 극복의 의지를 찾을 수 있을 것이다. 발전과 긍정의 생각을 통해 스트레스 상황을 스스로 다스리게 된다. 우리는 충분하게 그럴 능력을 지니고 있다.

잠깐 스트레스 좀 풀고 올게요

To Think

1. 자신만의 스트레스 해소법이 있다면 무엇인가요?

2. 그 방법을 사용한 후 느꼈던 점은 무엇인가요? 자신에게 맞는 또 다른 방법을 한 가지 더 생각해 본다면 어떤 것이 있을까요?

3. 자신에게 하는 내면의 대화를 긍정의 방향으로 만들 방법은 무엇일까요?

때로는
'멍때리기' 시간이 필요하다

　현대인의 모습은 어떠한가? 매우 바쁘게, 항상 무언가를 정신없이 하며 지낸다. 다들 나름 치열하게 살아가고 있다. 직장, 학교 등 어디서도 모두 시간에 쫓기며 바쁘게 움직인다. 잠시 대중교통 안을 떠올려보자. 대부분 휴대폰에 빠져있는 모습을 쉽게 볼 수 있다. 퇴근 후에도 하루의 피로를 풀 여유가 없다. 내내 긴장했던 뇌와 신체가 휴식할 수 있는 시간이 전혀 없는 듯하다. '멍때리기'는 아무 생각 없이 넋을 놓는 것을 말한다. 스트레스를 감소시키기 위한 좋은 방법이다. 일상 속 '멍때리기'를 통해 '뇌'에 휴식을 주는 건 어떨까?

'멍때리기' 대회를 알고 있나요?

　요즘은 이색 대회가 참 많다. 몇 년 전 뉴스에 소개된 '멍때리기 대회'를 보고 처음엔 '저게 뭐야? 와, 진짜 할 일 없는 사람들이 모여서 별걸 다 하네….'라는 생각이 들었다. 2014년 한강에서 처음 시작된 이

대회는 지금까지 국내 여러 도시와 해외에서도 열리고 있다. 다양한 연령대와 여러 직업의 사람들에게 인기 있는 대회로 자리매김하고 있다.

멍때리기가 과거에는 시간 낭비라는 의견이 많았다. 하지만 그 의미가 달리 해석되어야 한다는 주장을 포함하여 열린 대회다. 또한 뇌를 쉬게 하자는 취지도 담고 있다. 이 대회의 규칙은 '아무것도 하지 않은 상태를 오래 유지하는 것'이다. 심박측정기를 지니고 아무것도 하지 않으며 시간을 보내는 것이다. 참가자들의 불편함을 해소하기 위해 '히든카드 제도'도 있다. 안마 서비스나 부채질, 갈증 해소 음료를 받기도 한다. 대회가 거듭될수록 다양한 참가자의 흥미로운 참여 모습이 화제가 되었다.

2016년 대회에서 2등을 차지한 두 연극배우가 있다. 멍때리며 안정적인 심박수를 잘 유지한 결과다. 이 두 배우의 평소 스트레스 해소법이 아무것도 하지 않는 '멍때리기'라고 한다. 출퇴근 지하철에서 휴대폰도 전혀 하지 않는다. 오로지 아무 생각도 하지 않는 멍때리기를 통해 휴식을 취한다고 한다. 일하며 받는 부담감과 스트레스의 해소를 위해 터득한 나름의 방법이라고 한다. 정말 효과가 있는지 심박변이도 검사로 알아보았다. 심박변이도 검사는 심박동의 미세한 변화를 분석하므로 스트레스에 대한 인체의 건강 상태 및 정신 생리학적 안정 상태를 확인할 수 있다. 검사 결과 두 명 모두 멍때리기 상태일 때 심박동 변화 점수가 높았다. 이완 정도도 높게 나타났다. 이는 유연한 생각이 가능하고 긴장감이 없으며 스트레스를 덜 받는다는 의미로 해석할 수 있다고 한다.

'멍때리기'로 일상 속 스트레스 Down! 자신감 Up!

"진짜 더 이상 못 버티겠어! 떠나고 싶어!"라고 외쳤던 경험이 있을 거다. 일명 '번아웃 증후군'이라 얘기하는 증상을 겪는 현대인이 점점 많아지고 있다. 열심히 일에 몰두하여 신체적, 정신적으로 극도의 피로감과 무기력감이 생기는 것이 번아웃 증후군이다. 우리나라 직장인의 80%가 이 증상을 경험했다는 조사도 있다. 멍때리기 대회를 만든 창립자도 본인이 겪었던 번아웃 증후군 경험을 계기로 대회를 구상했다고 한다.

최근 방영 중인 한 프로그램에서 나온 이야기가 기억난다. 돈가스로 유명한 식당이 있는데 원래도 맛집이었다. 방송 이후 엄청난 인파로 새벽부터 줄을 서는 곳이다. 유명세 이후 이상한 요구를 하는 손님들이 많아졌다고 한다. 그 때문에 서빙을 하는 아내는 무척 스트레스에 시달리고 있었다. 그때 멘토의 충고는 출근하기 전 잠시 아무것도 하지 않는 멍때리는 시간을 가져보라는 것이었다.

멍때리는 시간은 마음의 평안함을 유지하며 스트레스를 줄여준다. 그 시간 자체가 에너지를 충전시키는 역할도 한다. 생각을 조금씩 비우는 것만으로도 스트레스 지수가 낮아지고 자신감이 상승한다. 가장 편안한 상태일 때 뇌파 중 '세타파'가 증가한다. 이 세타파는 신체 이완과 차분한 마음 상태를 유지하도록 도와주는 좋은 효과가 있다. 생각해보니 나는 이렇게 효과가 좋은 멍때리기를 제대로 해본 적이 없는 것 같다. 아니 멍때릴 생각도 안 했던 것 같다. 지금부터라도 멍때리는 시간을 일부러 만들어 스트레스와 멀어지는 연습을 해야겠다.

스트레스 감소의 안전장치 '멍때리기' 실천법 3가지

'멍때리기'를 스트레스 감소를 위한 '안전장치'라고 부르고 싶다. 이 안전장치를 효과적으로 장착하기 위해 이런 실천을 해보자. 효율성과 평안함을 얻을 수 있을 것이다. 이것은 누구라도 효율성을 높여 성과를 내게 하는 좋은 방법이기도 하다.

첫째, 잠시라도 머릿속을 비워보자.

경기를 마친 운동선수들에게 경기 중 무슨 생각을 했냐고 질문하면 "아무 생각도 하지 않았습니다."라는 대답이 가장 많다고 한다. 아무 생각도 하지 않는 것은 편안함을 유지하기 위한 좋은 방법이다. 경기 시작 전 헤드폰을 끼고 있는 선수들의 모습을 종종 볼 수 있다. 가장 마음이 편안해지는 음악을 듣는 것이다. 편안한 상태의 뇌는 멍때리기 때와 비슷하다. 바쁜 일상 속에서 여유가 없을 수 있다. 하지만 긴 시간이 아니어도 좋다. 대중교통을 이용할 때도 좋다. 점심시간을 이용해 잠깐 휴식할 때도 좋다. 걸으며 이동할 때도 좋다. 몇 분의 짧은 멍때리기 시간이 큰 도움이 될 것이다.

둘째, '안 해도 될 일'에 대한 목록을 작성해보자.

지금까지 한 번 이상 일별, 월별, 분기별, 연도별 계획을 세워본 적이 있을 것이다. 인생의 계획을 세우고 그에 따라 실천해가는 것은 당연히 중요하다. 업무 수행과 목표 달성에 도움이 되는 것이 사실이다.

그러나 때로는 이것이 우리를 복잡하게 만들 때도 있다. 그럴 때를 대비해 '하지 않아도 괜찮은 일'을 생각해보는 것은 어떨까? 이것 또한 복잡하게 하는 것 아니냐 반문할 수도 있다. 따로 작성하기 귀찮다면 이렇게 해보자. 계획해 놓은 일들을 살펴보면 그중 필요 없는 일이 있을 것이다. 우선 그 일에서 벗어나자. 너무 빡빡한 계획은 우리를 숨막히게 할 수 있다. 아주 급하거나 중요한 일이 아닐 때는 과감히 내려놓을 수 있는 지혜가 필요하다. 그것이 우리 뇌를 조금은 편안하게 만들어준다.

셋째, 좋아하는 차나 커피를 매일 규칙적으로 마시자.

미국의 한 매체에서 현대인의 평정심 유지를 위한 방법을 이렇게 소개했다. "매일매일 일종의 의식처럼 하는 것이 좋다. 커피를 음미하며 마셔보자. 다른 것은 모두 잊자. 눈앞의 커피 생각만 하자. 냄새를 느끼고 향기를 음미해라. 이를 매일 실행하면 마음을 비우는 좋은 훈련이 된다. 스스로 곧 느끼게 될 것이다." 여기서 커피가 중요한 것이 아니다. 복잡한 생각을 잊는 것이 중요하다. 내 앞에 있는 것에 집중해보자. 향이 좋은 차를 이용해도 좋다. 일종의 명상 기법과 비슷하다. 생각을 잊고 내 앞에 있는 것에 집중하며 평정심을 얻는 것이다. 이렇게 멍때리기에 도움을 주는 실천 방법을 통해 창의적 아이디어와 스트레스 감소 효과 두 마리 토끼를 잡을 수 있다.

티베트 속담에 "걱정을 해서 걱정이 없어지면 걱정이 없겠네."라는 말이 있다. 복잡한 일상 속 걱정 근심은 신체와 정신을 모두 파괴할 수 있다. 모든 것을 내려놓는 잠깐의 '멍때리기' 시간을 규칙적으로 만들어 자신이 생각하지 못한 많은 변화를 경험해보자.

To Think

1. 자신의 행동 중 '멍때리기'와 비슷한 행동이 있다면 어떤 것이 있을까요?

2. 일에 치여서 현실을 벗어나고 싶을 때 자신이 했던 행동은 무엇인가요?

3. 생각을 비우고 집중할 수 있는 자신만의 새로운 '멍때리기' 방법을 생각해 보
   세요.

잠깐 스트레스 좀 풀고 올게요

스트레스에 효과적인
마음챙김 명상

오랫동안 스트레스 연구와 강의에 집중하신 분을 우연히 만났다. 대화의 마무리에 스트레스 관리 방안으로 추천하고 싶은 것이 무엇인지 질문했다. 그분은 잠시 생각하더니 개인적으로 '명상'이 제일 좋다고 했다. 다른 방법도 많지만 짧은 시간 큰 효과를 보았다고 말씀하셨다. 최근 '명상 열풍'이 폭넓게 나타나는 것을 실감한다. 직장인들로 붐비는 지역을 보면 명상센터 등이 예전보다 많이 생겼고, 수강 문의도 증가 추세다. 대기업들도 직원의 스트레스 해소를 위한 명상 관련 프로그램을 운영하고 있다. 관련 분야의 연구도 활발해지고 다양한 프로그램이 선보이고 있다. 책이나 프로젝트도 많아진 것이 확실하다. 그 외 여러 기관에서도 힐링 프로그램에 빠지지 않는 것이 명상인 것 같다.

마음챙김 명상 열풍

서구에서 시작된 '마음챙김'(mindfulness)은 걸을 때는 오직 걷는 데만, 먹을 때는 오직 먹는 데만 집중하자는 것이다. 자신의 행위를 '있는 그대로' 알아차리는 게 '마음챙김'이다. 마음챙김이란 싯다르타와 제자들을 깨달음으로 이끈 수행법에서 나온 것이라 한다.

마음챙김(알아차림)이란 '자신이 지금 여기서 마음에서 일어나는 현상에 또렷하게 깨어 있는 것'을 말한다. 이를 알기 위해선 마음에서 일어나는 현상에 정확하게 집중해야 한다. 그리고 그 현상을 정확히 관찰하거나 알아차릴 수 있어야 한다. 마음챙김을 '마음집중+순수관찰'이라고 정의한 학자도 있다. 마음의 여러 현상을 비판 없이 바라보는 것이라고 이야기했다. 마음챙김 명상은 상황을 보다 명확하게 바라보게 해준다. 주의를 집중하는 대상에 대해 정확한 정보를 처리하게 해준다. 이는 자동화된 습관적 반응으로 인한 스트레스의 악순환을 막아준다. 바로 이 점을 주목해야 한다.

사실 몇 년 전까지도 명상의 인식 수준은 그리 높지 않았다고 이야기하는 사람도 많다. 하나의 종교적인 의식으로 생각하는 사람도 많았다. 자신과는 크게 상관없다고 여기는 사람도 많았다. 나 또한 명상이 좋은 건 알겠지만 나와는 상관없다고만 생각했다. 하지만 상황이 완전히 달라졌다. 이제 많은 사람이 단순히 '힐링' 차원으로만 생각하지 않는다. 자기 성찰과 자아실현을 도와주는 수단으로 인식하고 있다. 세계적인 역사학자 유발 하라리 교수는 하루 두 시간 명상하는 것

으로도 유명하다. 명상을 통한 집중력과 평정심을 통해《사피엔스》와
《호모데우스》같은 책을 쓸 수 있었다고 이야기할 정도다.

국내에서도 마음챙김 명상에 많은 관심이 쏟아지는 것을 볼 수 있
다. 기업에서 직원의 스트레스 관리와 교육 등에 관련 프로그램을 개
발하고 실제 적용하고 있다. 주변 지인 중에도 마음챙김 명상을 경험
하고 알리는 사람이 많아졌다. 기술의 발달이 더해져 명상 관련 앱도
많아졌다. 그만큼 마음챙김을 할 수 있는 환경이 많아진 것이다. 아이
부터 어른까지 사용자가 증가하고 있다. 명상과 심리학적 치료가 합
쳐져 전 세계적으로 다양한 형태의 명상이 나오고 있다. 병원 등에서
도 마음챙김 명상을 스트레스 해소 프로그램으로 사용하고 있다. 명
상 전후 검사를 통해 호르몬의 변화와 신체적 변화에 대한 과학적 증
명도 해내고 있다.

마음챙김 명상과 스트레스

국내 병원의 연구 프로젝트가 있었다. 평소 스트레스로 몸이 약해
지고 우울감이 많은 참가자, 직장 생활로 인한 정신적 피로감으로 인
해 건강하지 못하다고 생각하는 참여자, 사업 실패로 인한 엄청난 스
트레스로 매사에 집중이 안 되고 과격해진 참가자 등이 모여 프로그
램에 참여했다. 이들은 두통, 어지러움, 혈압상승, 소화불량, 배뇨장애
등의 고통을 겪고 있었다. 전형적인 만성 스트레스의 신체적 증상으
로 보였다. 지속되면 정신질환이나 심각한 질병으로 확장될 수 있는

상황이다. 우리의 심리, 신체, 행동은 모두 스트레스와 연결된다. 그래서 심리, 신체, 행동에서 모든 증상이 복합적으로 나타나는 것이다.

참가자들은 4주 동안 마음챙김 명상을 진행했다. 이들이 진행한 마음챙김 명상은 한 마디로 '생각 안 하기 연습'이라고 할 수 있다. 생각을 멈추고 감각에 집중하는 연습이다. 특히 무엇인가 하나에 집중하는 연습을 했다. 청각적으로 종소리를 들려준다. 그리고 그 소리와 울림에만 집중하는 것이다. 사람은 감각에 집중하면 복잡한 생각에서 벗어날 수 있다. 다른 잡다한 생각이 중간에 들더라도 그냥 놔두고 오로지 감각에 집중하는 것이다. 지나친 생각이 스트레스의 원인이 될 수 있다. 종소리를 들으며 청각에 집중하면 생각은 저절로 줄어들게 되고, 마음을 있는 그대로 봄으로써 변화가 시작된다.

4주 후 참가자들에게 변화가 나타났다. 이전에 가지고 있던 우울과 불안 등 부정적 심리가 줄어들었다. 반면 회복 탄력성과 긍정성은 높아졌다. 그렇다고 스트레스가 완벽히 없어진 것은 아니다. 스트레스는 여전히 받고 있다. 하지만 스트레스를 대하는 마음가짐과 대처 방안이 훨씬 유연해졌다. 자신에 대한 사랑과 자신감이 생겨 편안한 마음이 많아졌다. 신체적으로 아팠던 부위의 통증이 사라진 참가자도 있다. 스트레스 상황은 우리 곁에 항상 존재한다. 그것에 생각을 깊이 두지 않는 습관이 생겼다고 한다. 이것이 신체, 심리, 행동의 변화로 이어진 것이다.

마음챙김 명상의 효과와 기법

마음챙김 명상은 항우울제만큼의 효과가 있다. 코르티솔을 감소시키고 심혈관계, 고혈압, 당뇨 치료에 분명 도움이 된다. 자율신경계를 활성화하고 심박변이도를 안정화한다. 암 발생 억제에도 큰 도움을 준다. 이런 신체적 효과가 바로 마음챙김 명상의 결정적 효과다. 스트레스 해결의 핵심적 요소가 명상이라고 학자들이 자신 있게 이야기하는 이유가 여기에 있다.

정신적 효과도 중요하다. 집중력 향상을 통해 스트레스와 불안감 해소에 큰 효과를 나타낸다. 정서적 문제 해결 능력도 높여준다. 인간관계에서의 문제 해결도 가능하게 한다. 매사추세츠 종합병원 부속연구소 정신신체의학 전문가들은 이렇게 말했다. "복식호흡이나 반복적으로 기도문을 외는 행동, 태극권, 기공, 요가, 조깅, 근육 이완법, 또는 뜨개질 등등 다양한 방법이 이완 반응을 가져온다." 이들은 하나의 초점에 마음을 집중시킬 수 있게 한다. 만성 스트레스의 경고로 나타나는 근심과 불안, 우울, 두려움 등에 제압당하지 않게 한다. 강력한 이완 반응이 만성 스트레스를 삶 속에서 무찌르게 해주는 것이다.

To Do

미국 오리건 대학 연구팀이 발표한 3분 이내에 스트레스를 완화하는 방법을 소개하고자 한다.

- 3분 안에 스트레스를 완화하는 방법은 눈의 결정 같은 반복 패턴 그림을 보는 것이다. 집중력을 높이며 스트레스와 불안감을 감소시켜 준다.

- 2분 안에는 팔짱을 낀 원더우먼 자세를 하는 것이다. 자신감 있는 자세를 취하는 것만으로도 심적 부담감이 해소되는 효과가 있다.

- 1분 내로 해소하는 방법은 바로 복식호흡이다. 4초 정도 깊이 들이마시고 천천히 호흡한다. 이 호흡 자체로 주의를 집중한다. 명상과 함께 이 연습을 계속하면 그 어떤 것도 집중할 수 있다는 주장이 많다.

잠깐 스트레스 좀 풀고 올게요

1. 자신의 행동 패턴에서 마음챙김의 작용을 한다고 생각되는 것이 있다면 무엇인가요?

2. 평상시 실천하려고 다짐하는 자신만의 마음챙김 행동은 무엇인가요?

힘겨운 경험은
삶의 적응력을 높여준다

누군가 당신에게 질문한다. "특별히 힘들었던 경험이 있습니까?", "직장 생활이나 가정에서 힘들었던 사건이 있나요?" 이 두 가지 질문에 "아니요, 저는 그런 일이 절대 없어요."라고 자신 있게 대답할 사람은 거의 없을 것이다.

사람은 각기 나름의 힘든 일을 겪으며 살아간다. 직장에서는 업무나 관계적 스트레스와 만난다. 일자리를 잃거나, 때론 이직하는 순간이 생길 수 있다. 행복한 가정을 상상하고 시작했던 결혼 생활을 생각해보자. 때로 문제가 생기며 불행한 일이 닥쳐올 수 있다. 가족의 마음이 내 생각과 다를 때도 많다. 마음을 함께 나누던 동료, 상사, 후배, 친구, 이웃에게 배신감 느끼고 억울했던 사건도 있을 수 있다. 가슴이 아프고 힘들었던 시간이 분명하다. 하지만 이런 경험을 통해 우리는 성장한다. '아, 그때 그런 적도 있는데, 이 정도는 뭘, 괜찮아⋯.'라고 생각할 수도 있다. 이것이 바로 경험이 가져다주는 적응력이다. 스트레스가 더 힘든 상황을 견디게 하는 삶의 적응력을 높여주는 것이다.

삶의 예방접종

어려움 없이 편하게 자란 사람과 힘든 스트레스 경험을 많이 했던 사람이 있다. 그 둘이 차가운 얼음덩어리에서 맨발로 오래 버티기를 했다. 당연히 어려움 없이 자란 사람이 훨씬 발을 빨리 내려놓았다. 신체적 고통을 참기 어려웠기 때문이다.

역경은 대부분 지나간다. 하지만 이전 경험이 전혀 없다면 얼음덩어리에서 맨발로 버틸 때의 불편함을 위협으로 느낄 수 있다. 그 순간 이 위협과 고통이란 생각밖에 하지 못하는 건 어찌 보면 당연한 일이다. 그 차가움을 통제하지 못한다는 느낌이 두려움으로 커진다. 역경의 상황에 대처하거나 맞설 힘을 전혀 찾지 못한다. 그리고 심리적으로 더 큰 고난과 불행이 찾아왔다고 생각할 것이다.

상사에 의한 스트레스 상황을 생각해보자. 두 명의 직원이 있다. 둘 다 상사로부터 혹독한 질책을 받았다. 직원 A는 그 상황이 못 견딜 만큼 괴롭고 화가 났다. 그 자리를 박차고 나와 책상을 치며 화를 표현했고 사표를 내려고 한다. 다른 직원 B도 질책을 받는 게 유쾌하지는 않다. 하지만 상사의 질책도 한편으론 그럴 수 있다고 생각하고, 이것도 지나갈 것이고 해결될 수 있으리라 생각한다. 그러면서 그 순간을 잘 견뎌낸다. 같은 질책 상황에서 두 직원의 대처 방식은 달랐다. 둘 중 어떤 사원이 예방접종을 경험했다고 생각하는가? 당연히 직원 B

가 스트레스 상황의 경험이 많을 것이다. 그리고 예방 백신이 잘 작용하고 있음을 보여준다.

TV에서 보았던 내용을 소개하고 싶다. 가스폭발로 인한 화재 사고 후 아들을 잃은 한 여성이 있었다. 당시 그녀는 몸의 85%에 심각한 화상을 입었다. 병원에서는 살아있는 것 자체가 기적이라고 했다. 10년 넘게 치료를 받아야 하는 상태였다. 수술과 재입원, 재활로 끝없는 치료 과정을 보내고 있었다. 견딜 수 없는 신체적 고통과 더불어 아들을 잃은 마음의 상처가 이어지는 상황이었다.

얼마 전 그녀는 굽은 손가락을 펴는 수술을 받았다. 매우 괴롭고 아픈 상태였다. 하지만 조금씩 좋아지는 것을 보며 웃으며 말했다. "처음에는 모든 상황이 힘겨운 스트레스 상황이었어요. 하지만 지금은 수술을 받으며 조금씩 좋아지는 것에 감사해요."라고 말이다. 주변 지인들은 그녀에 대해 이렇게 이야기했다. "시간이 갈수록 긍정적으로 생각하는 것 같아요. 항상 웃으며 지내고, 더 좋은 마음을 가지게 된 것 같아요."

그녀는 화상 상처 스트레스를 별 탈 없이 잘 이겨내고 있었다. 현재는 긍정의 모습이 가득하다. 1년 전부터는 화상 환자들을 찾아가 마음을 위로해주는 상담가 역할까지 하며 지낸다. 환자들과 공감대를 형성하고 위로를 전하는 존재가 되고 있다. 심리적, 신체적으로 힘든 고난의 시간을 보내며 사회복지사에도 도전한 것이다. 대단한 의지다. 그로 인한 성취감을 느끼고 상담 멘토링에 참여하며 활기차게 살아가고 있다. 그녀에게 진심으로 박수를 보내는 마음이 가득했다.

어려운 일을 겪은 후 원상 복귀하거나 더 좋아지는 능력을 '회복 탄력성'이라 한다. 그녀의 회복 탄력성은 다른 환자들보다 월등히 높았다. '외상 후 성장 의지'에 대한 점수도 다른 환자와 비교해 2.5배 이상 높게 나타났다. 외상 환자들은 처음에는 자신의 상황을 받아들이지 못한다. 회피하고, 원망하고, 분노하고 슬퍼한다. 이러한 과정을 거친 후 타협하고 수용하게 되는 것이다. 성장은 외상을 입고 나서 더 성숙해지는 시각과 가치관의 변화로 알아볼 수 있다. 외상 자체가 엄청난 스트레스 상황이다. 이를 꿋꿋하게 이겨낸 그녀의 행동이 우리에게 암시하는 바가 크다.

물론 선천적으로 긍정 에너지가 높은 사람도 있다. 하지만 대부분은 그렇지 않을 것이다. 역경을 이겨내는 의지와 상황이 사람을 단련시킨다. 고난의 깊이만큼 지금의 삶을 또 다른 눈으로 보게 된다. 그로 인해 삶의 의미와 보람을 찾을 수 있다. 경험이 예방접종 역할을 한다. 이것이 스트레스를 잘 견디는 방법이고 삶의 적응 능력이다.

긍정 적응력

우리나라 성인 대부분은 이력서와 자기소개서 작성 경험이 여러 번 있을 것이다. 자신의 경험을 약간의 과장과 더불어 표현한 적도 있을 수 있다. 특기, 장점 등을 나열하지만 최근에 더 대두되는 점이 있다. 짐작하듯이 어려움을 극복했던 일과 그 일을 통해 배운 점, 앞으로의 삶에 그것이 어떤 영향을 줄 것인지 등과 관련한 내용이다. 언제부턴가 '실패 이력서'라는 표현이 사용되기도 한다. "실패하고, 힘들었던 경험이 나에게 어떤 배움을 주었고, 어떤 변화가 있었고, 앞으로는 어떻게 발전하고 실천할 것이다." 등의 표현이다. 다시 말해 역경 극복 스토리다. 이것은 그 사람이 갈등이나 문제 해결에 있어서 어떤 모습일지 판단하는 매우 중요한 자료가 된다.

삶의 큰 역경이나 불행한 사건 이후 사람들은 어떻게 살아갈까? 스트레스를 겪은 사람은 이후 모두 불행하게 살아가는 걸까? 대부분 후유증 등으로 행복하지 못할 것이라 예상한다. 이에 관해 마크시리 박사팀은 2,400명을 대상으로 조사를 했다. 사별이나 이혼, 자연재해 등 큰 사건을 경험한 사람들의 삶을 추적했다. 추적 결과 평탄한 삶을 살아왔던 사람들보다 적응력이 더 뛰어난 것으로 나타났다. "힘겨운 일을 처리해야만 했던 경험이 우리를 강하게 단련해주는 것으로 보인다."라고 마크 시리 박사는 설명했다. 누구에게든 시련의 시간이 반갑지 않은 건 사실이다. 하지만 힘들었던 시간을 잘 넘겼다면 적응에 성공한 것이다. 그 경험이 이후 삶에서 분명히 긍정적으로 작용하리라 본다.

"안 좋은 추억은 있어도, 안 좋은 경험은 없다."라는 글을 어디선가 보았다. 즉 힘들었던 기억도 무엇인가 배우게 되는 경험이라는 뜻이다. 나 또한 어떤 순간을 생각하면 가슴 한구석이 시리게 아픈 사건이 있다. 당시는 견디기 힘든 상황이라고 괴로워했다. 지워지길 바라던 모습일 수 있다. 하지만 분명 이들은 깊은 경험이 된다. 그로 인해 지금 달라진 태도를 스스로 발견하게 된다. 마음이 단단하게 강해진 것이다. 그 덕분에 나는 다시 비슷한 상황이 왔을 때, 훨씬 편안하게 생각할 수 있는 평정심을 장착할 수 있게 됐다.

To Do

스트레스와 시련의 순간도 경험이다. 물론 스트레스를 좋아하라는 뜻이 아니다. 긍정적으로 생각하고 행동하는 준비 기간으로 생각하자는 것이다. 과거의 스트레스 상황은 미래를 보다 긍정적으로 헤쳐나가는 힘으로 작용한다. 힘겨운 경험을 한 사람은 적응력이 높아진다. 웬만한 위기 상황이 와도 당황하지 않게 된다. 앞으로의 위기도 잘 헤쳐나간다. 이것은 스트레스가 주는 큰 효과다. 스트레스를 통해 각자가 경험한 삶의 순간을 지혜롭게 만들어보자.

To Think

1. 자신이나 주변 사람이 경험했던 견디기 힘들었던 위기 상황이 있다면 무엇인가요?

2. 그 위기가 지난 뒤 삶에서 긍정의 변화가 있다면 무엇인가요?

3. 비슷한 위기 상황이 다시 닥친다면 어떻게 대하게 될지 생각해 보세요.

잠깐 스트레스 좀 풀고 올게요

상황 집중으로
스트레스를 견디다

같은 일을 하더라도 집중력에 따라 큰 차이가 나는 것을 경험해 보았을 것이다. 짧은 시간 좋은 결과를 가져오는 사람들의 공통점은 높은 집중력이라는 연구 결과도 많다. 스트레스 관리를 위한 해소법은 매우 다양하다. 나름 그 방법들의 공통점이 있다. 바로 집중이다. 어떤 방법이든 그 자체의 상황과 행동 등에 집중하는 것이다. 여러 방법을 통해 우리는 결국 집중의 힘을 얻어내야 한다. 현재에 몰입하는 집중의 힘이 스트레스와의 대결에서 이기는 열쇠 역할을 하기 때문이다.

집중력이 필요한 이유

운동선수들을 한번 떠올려보자. 신체적인 스트레스 못지않게 심리적 스트레스도 매우 클 것이다. 스트레스에 대한 반응은 선수 개개인의 성향과 환경에 따라 다르다. 심리적 스트레스를 잘 극복하는 선수는 이미 지나간 일은 빨리 잊어버린다. 지금 해야 하는 것에 집중하는

141

힘이 있다. 스트레스가 쌓여도 흔들리지 않는 마음을 가진다. 하지만 스트레스로 고통스러워하는 선수들을 살펴보면 이런 특성이 있다.

- 다양한 환경 속에서 관계의 어려움에 대한 생각이 복잡하다.
- 성격이 예민한 편이다.
- 지나간 실수 때문에 불안해하고, 운동에 대한 흥미와 자신감을 점점 잃어간다.
- 경기에 온전히 집중하지 못한다.

사실 운동경기는 순간순간 집중이 매우 필요한 일이다. 머릿속에 다른 불안함과 긴장이 가득하게 되면 집중력이 떨어지고 실수가 나온다. 실수하면 또 다른 걱정에 사로잡힌다. 악순환의 연속이 나타난다. 이것이 바로 집중력의 부재가 가져오는 안타까운 상황이다. 그리고 이것은 비단 운동선수만의 이야기가 아니라 우리 모두에게 해당되는 이야기다.

성장을 위한 스트레스 관리를 위해 바로 현재 상황에 집중하는 게 매우 중요하다. 무엇인가 이루어 나가는 과정에서 우리는 실수할 수 있다. 실수하더라도 좌절하지 않아야 한다. 극복을 위해 항상 집중하는 태도를 지니고 있어야 한다. 그것이 우리를 더 성장하고 성취할 수 있게 만들어주기 때문이다.

마음의 방황은 이제 그만!

닭과 달걀 중 무엇이 먼저일까? 이 물음에 대한 해답을 찾기 위해 한 번쯤 고민해 봤을 것이다. 무엇이 먼저인지는 지금도 여러 의견이 분분하다. 비슷한 질문을 하나 해보려고 한다. 마음이 방황해서 기분이 나쁜 걸까? 아니면 기분이 좋지 않아 마음이 방황하는 걸까? 이 질문에 대해서도 바로 대답하기 어렵다. 한 연구팀에서 매일 매시간 사람들의 기분을 조사했다. 마음이 먼저 방황하기 시작하는지, 기분이 먼저 나빠지기 시작하는지를 몇 주에 걸쳐 확인했다고 한다. 결과는 어떠했을까? 결론은 마음이 먼저 방황하기 시작하는 것으로 나타났다. 즉, 마음이 방황하도록 그냥 놔두는 것은 자신을 행복에서 멀어지게 하는 것이다. 마음이 방황하게 되면 현재 상황에 집중하지 못하게 되므로, 집중의 힘이 가진 긍정적 효과를 경험하지 못하게 된다.

《오늘은 내 마음이 먼저입니다》라는 제목의 책이 눈에 들어왔다. 우리를 힘들게 하는 불편한 감정은 항상 존재한다. '내가 참고 넘어가야지.' 하는 마음으로 자신을 억누르고 방황할 때가 많다. 이때 우리는 자신의 마음을 챙기지 못하게 된다. 경쟁 사회에서 마음이 위축될 때가 많다. 모든 걸 놓아버리고 싶은 좌절감도 생긴다. 관계 속에서 상처받을 때도 있다. 이렇듯 우리는 마음의 방황을 하게 되는 수많은 환경 속에서 살아간다. 이때 현명하게 자신의 마음을 바로잡을 수 있는 지혜와 용기가 중요하다. 자신의 마음을 토닥이고 사랑해주기 위해 자신감을 가져야 한다. 이런 과정이 바로 현재 자신의 상황에 오롯이 집중할 수 있는 기본 태도를 만들어줄 것이다.

일상에 집중하다가 원하는 상황에서만 잠깐 적당한 고민에 빠질 수 있다면 좋을 것 같다. 수동 스위치처럼 조절할 수 있다면 말이다. 쉽지 않더라도, 이것이 잘된다면 우리를 힘들게 하는 스트레스 상황을 잘 견딜 수 있다. 집중과 고민의 순간도 자신의 의지로 제어하지 못한다면 더욱 힘들어진다. 자신의 의지로 집중과 고민의 순간을 조절하는 힘이 필요하다. 앞에서 다루었던 마음챙김 명상의 여러 방법이 이것을 도와줄 수 있다. 더 이상 마음이 방황하지 않도록 노력해보자.

현재의 집중은 부정의 감정을 버리고 상황을 객관적으로 보게 한다

사실 스트레스는 외부로부터 오는 것이 많다. 자신의 의지나 통제로 해결할 수 없는 일이다. 이런 일로 스트레스를 받는다고 해도 그 결과는 달라지지 않는다. 자기의 통제 밖에서 벌어지는 일에 대한 깊은 고민은 아무 쓸모가 없다. 깊이 생각하지 말고 객관적인 관점을 가져야 한다. 자신에게 온전히 집중해야 변화를 경험할 수 있다.

스트레스와의 줄다리기에서 유리한 쪽에 서려면 어떻게 해야 할까? 먼저 자신이 현재 무엇에 집중하는 것이 성과에 도움을 주는지 잘 판단해봐야 한다. 그 후 객관적인 생각을 통해 그 판단을 실천에 옮기며 행동해야 한다. 이것이 스트레스로 인한 실패나 부정적 사건의 발생을 억제할 수 있는 방법이다. 외부에서 오는 스트레스도 줄일 수 있다.

사건이나 상황의 결과에 집착하지 않도록 하자. 과정에 초점을 맞추고 그 과정의 순간에 집중하는 마음의 힘을 기르는 것이 필요하다. 자신에게 집중하는 힘이 생기면 스스로 일에 대한 추진력이 높아진다. 당연히 높은 성과가 나타날 수 있다. 이것이 스트레스에서 자유로운 마음을 가지게 하는 것이다. 현재에 집중하면 나타나는 긍정적인 면을 삶의 순간마다 기억하도록 하자.

1. 마음의 방황으로 집중하지 못해 좋은 결과를 내지 못했던 적이 있다면 언제 인가요?

2. 주변에서 집중력이 강한 사람이 보여준 남다른 성과가 있다면 무엇인가요?

3. 스트레스를 감소하기 위해 집중력을 발휘하려면 무엇이 필요할까요?

가치관과
습관의 차이

"스트레스는 그 상황을 스트레스라고 생각하기 때문에 스트레스가 된다." 어디선가 읽었던 문구가 생각난다. 마주하게 되는 똑같은 상황도 해석의 차이에 따라 달라지는 것이 확실하기 때문이다. 어려운 일을 만났을 때 '이거 한번 해볼 만한 일이네! 한번 파이팅해 볼까?' 하는 의지를 보이는 사람이 있다. 반면 '야, 이건 정말 너무하다. 다 귀찮아, 하기 싫어…'라고 생각하는 사람도 있다. 후자의 경우 자신의 힘으로 그 상황을 대처하기가 힘들고, 해결하기 어려운 결과를 가져올 것이라고 단정 짓는 경우가 많다. 스스로 상황을 스트레스로 만드는 것이다.

'나는 스트레스에 대처할 수 없을 거야.'라는 불안함이 불쾌한 감정으로 이어진다. 이것은 신체적 긴장으로 이어져 여러 증상도 발생하게 한다. 이런 생각은 각자의 성격과 가치관, 습관 등에 의해 많이 달라진다. 그렇다면 어떤 가치관과 습관을 얻기 위한 노력이 필요한지

고민해보자.

성격에 따른 스트레스

타고난 성격은 사람마다 다르다. 우리는 지금까지 사람들과의 관계에서 다양한 성격을 경험해왔다. 때론 어이없고, 이해되지 않는 행동을 하는 사람을 만난 적도 있을 것이다. 상대방이 내 생각과 행동을 이해하지 못해 당황한 기억도 있을 것이다. 성격은 상대적이라 저마다 개성 있게 가지고 있는 부분이다. 누구나 자신이 스트레스를 받지 않고 잘 대처하는 성격이길 바란다. 하지만 성격은 타고나는 부분이 많다. 억지로 바꾸려고 애써도 본래의 성격을 바꾸기란 쉽지 않다.

가족 중 한 사람의 성격으로 다른 가족 모두가 스트레스 상황에 빠질 때가 있다. 알아들을 만큼 이야기했다고 생각하더라도 이후 태도를 보면 아닐 때가 많다. 회사에서도 그런 사람이 꼭 있다. "진짜, 이거 너무한 거 아니야? 와, 정말 저렇게까지 얘기해도 진짜 이해를 못하는 건지… 참 나…."라고 회자되는 사람도 있다. 그 사람이 쉽게 변하지 않는다는 것 또한 알 수 있다.

타고난 성격의 변화 가능성에 대한 논란은 존재한다. 계속 연구가 이루어지고 있는 부분이기도 하다. 100% 변하지 않는다거나 변한다고 단정 짓기 어려운 부분이다. 자신만의 가치관과 습관을 생각해보자. 자신의 성격도 생각해보자. 변화가 쉽지 않다고 대답할 사람이 많을 것 같다. 그렇다고 "난 그냥 이대도 살 거야." 하고 체념해야 할까?

그러기엔 겪을 수 있는 스트레스가 더 많을 것이다. 스트레스 상황을 편안하게 다스리기 위해 노력해야 한다. 그중 하나가 가치관과 습관에 대한 태도를 바꾸는 것이다. 이것 또한 쉽지 않고 노력해야 할 부분이다. 하지만 분명한 점은 꾸준한 노력이 있다면 자신이 원하는 방향으로 바꿀 수 있다는 것이다.

스트레스와 가치관

가치관은 "특정 행위 양식이나 삶을 살아나가는 방식이 개인적 혹은 사회적으로 더 바람직하다는 기본 믿음"이라고 한다. 이런 가치관은 10대 초기에 형성되고, 이후 상당히 안정적이며 지속성을 보인다고 한다. 그렇기에 형성된 가치관을 바꾼다는 것은 쉽지 않을 것 같다.

현실에서 만나는 상황과 가치관의 충돌로 스트레스를 경험한 적이 있을 것이다. 스트레스는 여러 상황에서 발생한다. 예를 들어 자신의 의지와 반대로 인문계 고등학교에 진학하여 도저히 견디지 못해 다시 전학을 가기도 한다. 부서 이동 후 상사의 가치관과 생활 태도로 인한 스트레스를 견디다 못해 사직한 친구도 있다. 입시부터 취업을 결정하는 순간에도 자신의 가치관과 일치하는 결정을 하지 못한 사람이 많다. 직장에서도 본인의 가치관에 맞지 않는 일을 하는 경우가 종종 있다. '시간이 지나면 괜찮아질 거야, 조금만 참고 견뎌 보자.' 하며 위로하기도 한다.

그렇다면 이런 스트레스를 해결하는 방법은 무엇일까? 쉽게 대답할 수 있는 건 '현실에 맞추어 가치관을 바꾸어보는 것'이다. 하지만 이 방법이 쉽지 않음은 어느 정도 예상할 수 있다. 가치관도 성격과 마찬가지로 쉽게 바꿀 수 없기 때문이다. 바꾸려 하는 것 자체가 더 심각한 스트레스가 될 수 있다. 그나마 먼저 쉽게 접근하는 방법은 이렇다. 큰 가치관의 변화보다 작은 태도의 변화부터 시작해서 스스로 아주 조금씩 스트레스를 다스리도록 노력해 보자.

강인함과 낙관주의 태도를 만들자

스트레스를 다스리기 위한 노력을 생각해보자. 사람은 생각할 수 있는 능력이 있다. 역경이나 스트레스 상황에서 동물과 다른 반응을 할 수 있는 이유다. 생각하는 습관은 우리를 그 자리에 머무르지 않게 하며 삶의 태도를 바꾸는 데 영향을 준다. 앞서 얘기한 대로 성격과 가치관을 신속하게 바꾸어 나가기는 쉽지 않다. 아주 천천히 오랜 시간이 걸릴 수 있는 일이기 때문이다. 먼저 습관과 태도를 바꾸려는 노력부터 시작해야 한다. 그중 필요한 두 가지 태도를 소개하려고 한다.

첫째, 강인함이다. 코바사는 '강인함'을 스트레스에 잘 견디는 특성으로 정의했다. 이 특성에 따라 습관 형성이 달라진다. 이 강인함에는 세 가지 하위 요소가 존재한다. 각자의 습관과 태도에 이 요소가 포함되었는지 잘 생각해보자. 부족하다면 이 요소들을 키워보는 노력이 필요하다.

- 헌신(Commitment): 뚜렷한 가치관과 목표 의식을 가지고 일에 최선을 다함
- 통제감(Control): 자신의 행위가 위기 상황에 직접 영향을 미칠 수 있다고 생각함
- 도전(Challenge): 문제를 회피하기보다는 맞부딪혀 해결해나가는 데서 희열을 느낌

이 세 가지 요소의 특성이 성격을 변화시킬 수 있는 부분이다. 어떤 일이든지 목표 의식과 최선의 생각이 필요하다. 자신의 행동이 어려운 상황을 이겨낼 원동력이 될 수 있다는 믿음을 가져보는 것이다. 힘들지만 스트레스 상황을 피하지 말고 조금씩이라도 해결하려고 도전해보자. 이들이 쌓여 우리의 성격과 가치관도 스트레스에 잘 견디도록 바뀔 수 있다.

둘째, 낙관주의다. 낙관주의는 세상이나 인생을 희망 있게 바라보는 긍정적 태도와 시각이다. 미래를 긍정적으로 예측한다. 스트레스 상황과 만났을 때 행복하고 안정적인 자신의 모습을 상상한다. 힘든 상황을 긍정의 힘으로 이겨낸다. 수험생이 유혹을 이기고 열심히 공부하는 것은 성공한 모습을 상상했기 때문이기도 하다. 삶이 힘겨운 청년들이 잠을 아껴가며 열심히 일하는 경우가 있다. 먼 훗날 경제적으로 여유 있는 자신의 모습을 상상하는 것이다.

반대로 비관주의에 빠진 사람은 아무리 애써도 고통에서 벗어나기 힘들 수 있다. 더 나빠지는 상황을 생각한다. 우울과 무기력증에 빠진다. 심할 경우 극단적 행동을 하기도 한다. 그렇기에 낙관주의는 굉장

히 중요하다. '난 잘될 거야, 이 또한 지나간다니까…'라고 생각하는 것이다. 일부러 외치고 다닐 정도로 낙관주의 태도를 항상 스스로 각인시키는 것이 좋다.

긍정 심리학의 대가 마틴 셀리그만 박사는 낙관주의가 학습될 수 있다고 이야기했다. 그는 통제 불가능한 상황에서 절망을 학습하면 우울증이 온다는 '학습된 무기력' 개념을 만들어냈다. 사고방식은 영구불변한 것이 아니다. 개인의 노력으로 성격이나 마음가짐도 변할 수 있다. 그 바탕이 되는 것이 긍정적인 습관이라고 주장했다. 비관적이던 사람도 긍정적 습관을 기른다면 낙관주의 자세를 가질 수 있다는 것이다. 이것이 바로 스트레스를 다스리는 능력이 된다.

심리학자 라자루스는 '스트레스를 일상생활의 '골칫거리'라 이야기했다. 일상의 작은 골치 아픈 일에서도 스트레스를 경험하기 때문이다. 이런 골칫거리가 많을수록 부정적 기분에 빠져든다. 스트레스를 강하게 느끼고, 신체적 질병에 걸릴 확률이 높아지는 것이다. 집안일, 건강 문제, 여러 압박감, 내적인 문제, 환경 문제, 업무에서 생기는 문제, 앞으로의 걱정 등의 골칫거리가 스트레스로 연결되는 것이다. 이때 중요한 것이 그 상황을 해석하는 습관이다.

To Do

각자의 타고난 성격은 다르다. 선천적으로 근심 걱정이 많은 사람은 스트레스에 불리하다. 하지만 자신의 가치관과 습관, 태도를 바꾸기 위해 노력해보자. 스트레스를 잘 견딜 수 있는 강인함을 내면에 채워보자. 그리고 긍정적 습관인 낙관주의 정신을 항상 기억하자. 일상에서 이런 태도를 계속 의식하고 행동해보자. 그동안 힘들었던 상황도 조금씩 잘 다스리고 있는 자신의 모습을 볼 수 있을 것이다.

To Think

1. 자신의 성격과 가치관은 스트레스에 어떤 방식으로 대처한다고 생각하나요?

2. 자신에게 있는 강인함과 낙관주의 태도에 몇 점을 줄 수 있나요? (10점 만점)

3. 강인함과 낙관주의 점수를 높이기 위한 자신의 실천 태도는 무엇인가요?

문제 중심 대처
vs 정서 중심 대처

　현재 우리가 만나는 스트레스 상황은 원시시대에서 사용하던 투쟁-도피-멈춤의 선택지로 해결되지 않을 때가 많다. 투쟁도 안 되고 도피도 어려운 상황이다. 그렇다고 멈추거나 포기하는 것도 방법이 아닐 때가 있다. 이때 우리가 할 수 있는 바람직한 반응 양식은 바로 '대처'다. 이 대처를 연구자들은 두 가지로 나누어 이야기한다. 바로 '문제 중심 대처'와 '정서 중심 대처'로 말이다.

　표준국어대사전에서 '대처'는 "어떤 정세나 사건에 대하여 알맞은 조치를 취함"이라고 나와 있다. 이 책에서 풀어나가는 것도 바로 '대처' 방법이라고 할 수 있다. 스트레스 사건이나 상황에서 우리가 할 수 있는 조치이며, 스트레스를 대하는 우리의 태도다. 스트레스를 만나는 개개인의 상황은 다양하다. 경제적, 시간적, 심리적 자원도 각기 다르며 또한 한정되어 있다. 그렇기에 이 자원들을 잘 활용하고 관리해야 한다. 이런 능력 또한 '대처'라 한다. 스트레스는 우리가 피할 수 없는 상황에서 만날 때가 많다. 차라리 그 상황을 즐기라고 말하고 싶다. 스트레스를 피하는 것이 거의 불가능하다면 어떤 대처로 행동하는지가 중요 포인트다. 두 가지 대처 방법에 대해서 알아보자.

문제 중심 대처

스트레스를 가져오는 문제, 그 자체를 없애서 스트레스를 없애는 방법이다. 어찌 생각하면 '그게 가능해? 말도 안 되는 얘기지… 그럼 이 세상에 누가 스트레스를 받아?'라고 생각할 수 있다.

문제 중심 대처는 스트레스 상황을 자신의 힘으로 변화시킬 가능성이 있다고 생각할 때 사용하는 방식이다. 정보를 직접 구하고, 문제를 직접 해결한다. 즉, 그 상황에서 벗어나려는 행동적 노력을 직접 하는 것을 말한다. 나름의 자신감으로 무장한 사람들이 주로 이 방법을 사용한다.

회사에서 어려운 일이 내게 주어졌다고 하자. 유난히 까다롭고 결과도 좋지 않아 서로 미루는 일이다. 이때 자신 있게 그 문제에 정면으로 맞설 수 있다. 일을 처리하는 과정을 내가 직접 변경하거나 개선하는 것이다. 내가 일하기 쉬운 방법으로 프로세스를 새롭게 만들어도 좋다. 물론 자신의 지위나 권한 여부가 중요할 것이다. 이후 일을 진행해 나가면서 스스로 스트레스를 줄인다. 바로 이것이 '문제 중심 대처'다.

문제 중심 대처는 환경이나 상황에 대한 행동을 바꾸기도 한다. 관계 측면에서 자신의 역할을 바꾸어 변화를 가져올 수도 있다. 자신의 행동에 대해 다른 사람에게 조언을 구하여 더 좋은 방법을 찾는다. 이런 과정을 통해 스트레스를 유발하는 요인 자체를 피해갈 수 있게 만들어야 한다. 이 방식에서는 스트레스가 많은 상황이라도 우울감 등을 느끼는 기간이 짧게 나타난다. 문제 중심 대처를 실행하는 사람들은 스트레스를 덜 경험하고, 심리적으로도 훨씬 안정적이라고 한다. 아마 자존감도 높으리라 생각된다.

이 대처는 적극적으로 환경과 자신에 대한 변화를 실천하는 것이다. 스트레스 해소와 문제 해결에도 효과적인 방법이다. 내 앞에 펼쳐진 상황을 자기 힘으로 변화시키는 적극적인 대처 방식이다. 다양한 문제 상황의 해결책으로 장단점을 분석하고, 취사선택하는 방식일 수 있다. 따라서 자신의 삶을 스스로 적극적으로 변화시켜야 한다.

우리는 '문제 중심 대처'를 과연 얼마나 사용해 보았을까? 사실 어렵게 느껴진다. 또한, 이 질문에 관한 답은 개인이 처한 상황과 성향에 따라 매우 다를 것이다. 그래도 한 번쯤은 '문제 중심 대처'를 각자의 삶에 적용할 수 있게 용기를 한번 내보자. 때론 큰 도전 정신이 필요할 수 있다. 나름의 적극적인 방법으로 행한다면 그동안의 스트레스에서 벗어나는 기회가 될 것이다.

정서 중심 대처

큰 산불로 많은 면적의 산과 인근 집이 전부 불타고 인명 피해가 컸던 사건이 있었다. 몸만 급하게 빠져나온 이재민들의 인터뷰를 들어 보면 그분들이 당시에 할 수 있는 방법은 아무것도 없었다. 사나운 강풍을 타고 순식간에 번지는 불길에서 안전하게 나오는 것 자체 외에는 속수무책이었다. 자신의 힘으로 할 수 있는 일이 제한적이었다. 전부 타버린 집과 재산을 보며 망연자실 눈물만 흘리는 모습에 안타까움이 가득했다. 이 상황은 그분들에게는 엄청난 비극이다. 앞서 이야기한 적극적 환경 변화 등을 요구하는 문제 중심 대처와는 전혀 맞지 않는다. 해결될 수가 없다.

천재지변이나 전염병 등의 스트레스는 그 원인인 문제 자체를 없애기 어렵다. 이때 문제 이후 생기는 스트레스에 대한 감정 반응을 바꾸어 스트레스를 감소시키는 것이 바로 '정서 중심 대처'다. 이는 자신의 힘으로 상황을 변화시킬 가능성이 적다고 인식할 때 사용하게 된다. 문제 자체가 중요한 것이 아니고 문제 상황에서 생기는 부정적인 마음 상태를 완화하려는 노력이다. 스스로 생각이나 감정을 바꾸는 것이다. 긍정적인 마음가짐으로 상황을 재해석하는 방식이다. 자신의 행동을 합리화함으로써 부정적 감정을 감소시키는 방법들이 여기에 속한다.

정서 중심 대처에 집중하는 사람들은 대부분 이럴 것이다. 부정적 감정이 밀려와 자신이 문제 해결에 어려움을 겪는 상황을 피하고 싶어 한다. 문제 중심 대처로 해결이 불가능할 때 정서 중심 대처 방법을 사용한다. 스트레스로 인해 괴롭거나 힘든 감정을 감소시키려는 것이 주목적이다.

스트레스 상황을 직접 다루기 힘들기에 그 상황에서 경험하는 정서적 아픔과 고통을 잘 조절해 보려는 것이다. 환경과 자신의 삶에서 변화를 위해 노력한다. 여기서 회피, 거리 두기, 최소화, 긍정적 비교, 사건과 의미의 재해석, 긍정적 의미 찾아내기 등 '인지적 전략'을 주로 사용한다. '행동적인 전략'도 함께 사용한다. 일반적으로 사람들이 스트레스 해소 방식이라 이야기하는 운동을 통해 심적 괴로움에서 벗어나는 것, 명상하기, 술 마시기, 소리치기, 정서적 동의 구하기 등이 행동 전략이라 할 수 있다. 지금 전 세계 많은 사람이 코로나19라는 사건에 대처할 때 이 방법을 사용할 것이다. 나 또한 그러하다. 연일 나오는 확진자 소식에 내가 할 수 있는 것은 정서 중심 대처이기 때문이다.

정서 중심 대처는 환경과 사람의 실제 변화보다 주관적 변화를 찾는다. 문제가 있는 관계에서 관점을 달리하는, 생각의 전환을 하는 것이다. 예를 들어 모임 중 누군가의 무례한 행동을 무조건 나쁘게만 보지 않으려 한다. '저 사람은 뭔가 마음의 상처가 있을 거야. 그러니까 저런 거지. 이해해야겠네.'라고 생각한다. 자존감에 상처를 입었다고 해석하고 분노를 느끼지 않으려 노력한다. 어떤 방법이든지 정서를 바꾸기 위해선 그 상황과 사람에 대한 평가를 바꾸는 것이 필요하다.

이 정서 중심 대처의 일부는 방어적 대처로 나타난다. 자신의 심리 안에서 방어기제가 작용하여 스트레스를 이겨낼 수단을 마련해 주기도 한다. 좌절감, 갈등, 불안 등을 감소시키는 방식으로 사용하게 된다. 일단 고통과 불안이 사라지면 문제를 제대로 바라보는 용기가 생긴다. 이후 조금씩 상황을 정리하는 대처를 시도하게 된다.

어떤 대처가 좋을까?

어떤 대처법의 사용이 중요한 것이 아니다. 주어진 문제를 해결하고 스트레스 상황을 잘 극복하는 것이 무엇보다 중요하다. 그 방안을 찾기 위한 방법도 개인의 몫이다. 일차적으로는 각자의 판단력, 가치관, 사고력, 융통성, 자원 보유 여부 등이 중요하다. 자신이 사용 가능한 범위 안에 있는 심리적, 사회적, 생물학적 자원의 활용성도 잘 판단해야 한다.

본인 앞에 어떤 스트레스 상황이 놓여 있다고 치자. 자신의 적극적인 노력을 통해 환경 측면을 바꿀 수 있다면 문제 중심 대처 방안을 활용하면 된다. 하지만 때론 상상하기도 힘들고, 개인의 힘으로 도저히 해결 불가능한 상황을 만나기도 한다. 이때 할 수 있는 반응은 무엇인가? 바로 정서 중심 대처 방안을 활용하는 것이다. 정서 중심 대처는 워낙 종류가 다양해서 개인마다 다르게 접근할 수 있다. 이 점도 잘 기억해야 한다.

To Do

두 가지 대처 중 어떤 방법이 더 좋다고 말할 수 있는 것이 아니다. 자신 앞에 펼쳐진 상황에서 내가 할 수 있는 최선의 방법이 어디에 있는지 잘 찾아봐야 한다. '문제 중심 대처', '정서 중심 대처' 두 가지를 적절히 잘 활용하는 기술을 익혀야 한다. 때로는 용기 있게, 때로는 지혜롭게 스트레스에 반응해 보도록 하자. 계속된 이야기 속에서 그 답을 찾을 수 있을 것이다.

To Think

1. 문제 중심 대처를 사용해본 적이 있다면 어떤 상황에서 사용해 보았나요?

2. 정서 중심 대처를 사용해본 적이 있다면 어떤 상황에서 사용해 보았나요?

3. 현재 자신의 가장 위급한 문제를 생각해 보세요. 그 스트레스 상황에서 각 방식을 어떻게 적용하는 것이 좋을까요?

잠깐 스트레스 좀 풀고 올게요

5단계

4단계

3단계

2단계

1단계

어떻게
스트레스를
이용할까?

스트레스의 안전지대
'지지와 격려'

사람 사이의 따뜻한 유대감은 시련이나 스트레스를 이기는 용기를 주는 힘이 있다. 사람이 가진 기본적인 본능 중 '다른 사람들에게 사랑받고 싶은 본능'이 있다. 이것은 가정에서 학교 그리고 사회로 연결된다. 성장하고 발전하고 싶은 욕구도 비슷하다. 누구나 다른 사람의 관심과 사랑 속에서 행복감을 느끼고 싶어 한다.

바로 눈앞에 힘든 일이 닥칠 때가 있다. 그 일을 해결하는 방식과 판단의 기준은 다양할 것이다. 그 일을 잘 마무리했을 때 그에 걸맞은 인정과 보수가 따라온다고 확신하면, 그 순간 스트레스는 도전 반응을 가져온다. 그리고 효율성 있게 일을 해결할 수 있게 된다. 적합한 인정은 다양한 모습으로 존재한다. 물질적인 보상도 중요하겠지만, 더 중요한 것은 마음으로 전해 받는 격려와 지지의 힘이다. 사람은 누구나 인정받기를 원한다. 특히 사회생활에서의 인정은 큰 행복감으로 연결된다는 연구도 있다. 이 행복감을 주는 원천이 바로 '지지와 격려'다.

인간의 이타심이 가진 스트레스 예방효과

다른 사람에게 지지와 격려의 손길을 내밀 수 있다는 것이 바로 사람이 가진 이타심을 보여주는 예이다. 타인에게 인정받고 싶은 마음과 함께 다른 사람들을 이롭게 해주고 싶은 것이 인간의 본성이다. 심리학자들은 인간이 가진 이타심이 어떻게 만들어지는지에 대해 오랜 연구를 해왔다. 학자들은 이타심이 인간의 본능에 가깝다고 말한다. 그 이유는 인간의 본능인 '공감 능력'과 '이타심'이 연결되었기 때문이라고 한다.

크리스천 케서스 박사는 사람이 다른 사람의 고통을 볼 때 뇌가 어떻게 변하는지를 연구했다. 자신의 손가락이 베일 때 뇌의 특정 부위가 활성화되면서 고통을 느낀다고 한다. 실험 대상자들에게 다른 사람의 손가락이 베이는 것을 보여주었다. 결과는 어땠을까? 자신과 타인의 상황 모두 같은 부위의 뇌가 활성화되는 것으로 나타났다. 인간은 타인의 고통에 대한 공감 능력을 갖추고 있다. 이 공감 능력은 이타심으로 연결된다. 이타심은 갈등이나 스트레스 상황을 만날 때 감정이 나빠지지 않도록 도와준다. 다시 말해 이타심을 통해 다른 사람에게 도움을 줄 뿐 아니라, 자신의 성장과 발전에도 큰 도움을 받는 것이다.

자신에게 닥친 어떤 고민이나 문제에 관하여 주변에서 친절과 도움을 보내주면 상처는 조금씩 아물게 된다. 이타심은 누군가를 시련에서 든든하게 받쳐주는 버팀목이다. 누군가를 위해 자신의 시간을 나누는 것은 자신뿐 아니라 타인의 스트레스 원천을 예방해주는 강력한 힘이 된다. 이것이 이타심의 강력한 힘이다. 주변 사람에게 자신이 가진 이타심을 멋지게 발휘해보자. 이 또한 자신을 스트레스에서 멀어지게 할 수 있다.

지지와 격려의 힘이 주는 위안

몇 년 전 있었던 일이다. 강의를 업으로 활동하는 나에게 상처가 되었던 사건이 생겼다. 한 프로젝트에 참여하게 되었는데, 혼자 준비하는 강의와 달리 개발된 콘텐츠로 여러 강사가 파트별 내용을 맡아 강의하는 구성이었다. 실제 한 기업에서 강의가 이루어졌다. 기업 측에서도 신경을 많이 쓰는 과정이었다. 나는 초반에는 강의하지 않고 추후 투입되기로 계획되었다. 그런데 여러 일련의 상황으로 급하게 강의에 투입되었다. 나는 학습자들의 분위기를 파악하며, 열심히 준비한 자료를 토대로 강의를 진행했다.

물론 부족함도 있었을 것이다. 그래도 나름의 의미와 유익을 드리는 방향으로 큰 무리 없이 진행되었다. 고객사에서도 이대로 남은 차수가 진행되면 되겠다는 피드백을 받았다. 다행이었다. 그런데 과정 개발자께서 보시기엔 많이 부족했다고 생각하셨던 것 같다. 물론 그 부분은 충분히 존중한다. 본인이 의도한 대로 내가 다 살리지 못한 부분이 있었을 것이다. 그런데 실제 강의 현장에서 강사의 진행에 대한 이해도가 전혀 없으셨다. 수강생의 반응을 보며 현장에서 해야 하는 것들에 대해서도 말이다. 그분은 강의가 아니라 연구에만 오랜 기간 힘썼던 분이시다. 강의 흐름과 콘텐츠 전달 방식에 관한 점은 사실 그분 의견이 옳다고 하기 힘들었다. 아니 이상하게 혼자만의 생각으로 지적하였다. 그 점은 다른 분들도 모두 동의하는 부분이었다.

그런데 그 연구자가 개인적인 피드백을 단체 SNS에 아무 가감 없이 올리고 말았다. 자세히 언급하기 어렵지만, 결국 내가 이상한 강사처럼 보이게 만드는 내용이었다. 사실 처음에는 크게 생각하지 않았다. 그런데 시간이 지날수록 불편함과 부끄러움으로 다가왔다. 단체 SNS상에 계신 분들은 앞선 여러 상황을 모르는 분도 많다. 그런데 그 피드백 내용만 보고 판단하리라 생각하니 너무 속상했다. 강의를 망친 강사처럼 보이기에 충분한 내용이었다. 이런 상황을 대면한 적이 정말 처음이었다. 생각할수록 더 창피한 생각만 들어서 너무 속상했다.

대체로 강의 후 담당자들의 좋은 피드백을 전해 받으며 후속 강의로 이어지는 일이 많았다. 그 힘으로 보람을 느끼고, 힘들어도 열정을 가지고 강의했었다. 이건 다른 강사들도 마찬가지일 것이다. 하지만 그날 묘사된 내용은 마음의 상처로 남았다. 제일 불편했던 점은 그 한 분의 개인적 의견이 전체 의견인 듯 여겨지는 부분이다. 내 의견을 제대로 피력하지 못하는 상황도 속상했다. 40대 나이지만 그 순간은 아이보다 더 큰 부끄러움이 엄습했다. 자꾸만 단체방에 계신 분들이 나를 어떻게 생각할까 하는 생각이 커졌다. 스트레스는 점점 더해갔다. 너무 창피해지기 시작했다. 내가 할 수 있는 일은 집으로 돌아오는 내

내 속상해하며 눈물을 흘리는 것뿐이었다.

이 상황을 아시는 분들이 놀라서 바로 전화를 주셨고, 위로의 말씀을 건네주셨다. 전혀 신경 쓰지 않아도 된다고 말씀해 주셨다. 다 안다고 했다. 우여곡절 많고 까다롭던 고객사에서도 이대로 가자는 의견은 만족했다는 것이라며 위로해 주셨다. 물론 전부는 아니지만, 힘들었던 마음이 몇몇 분의 위로로 조금은 나아졌다. "다 알아."라는 말씀에 그냥 눈물이 흘렀다. 지지의 말씀이 그 상황에 힘과 용기가 되었다.

완전히 마음의 상처가 아문 것은 아니다. 하루 이틀 지나도 문득문득 생각났다. 전후 상황을 모르는 분들을 주기적으로 만나는 스터디 모임 일정이 다가왔다. 부끄러운 마음은 오롯이 내가 감당할 몫이었다. 아무렇지 않은 듯 웃으며 참석할 수 있을까? 내가 이 상처와 스트레스를 잘 이겨나갈 수 있을지 며칠 내내 고민했다. 그날이 무척 걱정되었다. 스트레스를 잘 다스리는 사람은 용기 내어 참석할 것이다. 그래, 뭐 어때? 스스로 마음을 잡아야 했다. 격려해 주시는 분들의 응원 메시지로 아팠던 마음이 한결 따뜻해진 건 분명했다.

이 일은 내게 트라우마가 되어 문득문득 떠오르는 부정의 기억으로 남을 수도 있다. 그렇지만 누군가의 지지와 격려, 위로의 말이 다시 나에게 좋은 긍정의 기운을 북돋아주었다. 아마 격려와 지지의 메시지가 없었다면 그 상처의 기분을 그대로 안고 지냈을지 모른다. 지금은 이제 오히려 그때의 사건이 내게 좋은 경험과 성장의 기회가 되었다고 생각한다. 다시금 생각했다. 정말 누군가에게 전해주는 따뜻한 말 한

마디가 한 사람의 상처를 회복시켜 주는 큰 힘이 되는구나, 라고.

　LA에 있는 시나이메디컬 센터에서 1959년부터 2009년에 걸쳐 102 차례 실시한 연구가 있다. 옥시토신은 상대에게 감정적인 도움만 받더라도 그것을 인식하면 분비된다고 한다. 이는 사람 사이의 신뢰감과 안정감, 자신감을 포함한 일반적인 행복감을 자아내는 것으로 밝혀졌다. 당연히 스트레스 완화에도 결정적인 역할을 해준다. 가족이나 친구, 동료의 도움으로 과도한 스트레스 상황을 잘 견뎌냈던 경험을 생각해보자. 사람 사이를 연결해주는 정이나 따뜻함은 우리가 세상의 각박함을 이겨내는 힘의 원천이며, 꼭 필요한 연결선이다. 그 힘은 생각보다 놀랍다. 마음의 큰 상처나 스트레스를 따뜻하게 감싸주니 말이다.

TO DO

누군가에게 전달받은 위로와 격려의 말과 행동, 누군가에게 베풀어줄 수 있는 따뜻함은 사회의 그 어떤 안전망보다 강력하다. 우리가 살면서 겪게 되는 상처와 스트레스를 보듬어주는 최고의 안전장치다. 이 점을 기억하며, 지지와 격려를 생활 속에 실천하는 자신을 가꾸어보자.

1. 다른 사람의 가슴 아픈 일에 발 벗고 도와주었던 경험이 있다면 무엇인가요?

2. 오해로 인해 속상했던 일을 해결하는 데 주변의 위로가 도움이 되었던 적이 있다면 무엇인가요?

3. 자신이 지금까지 들었던 말 중 가장 힘이 되며 위로와 격려가 되었던 말은 무엇인가요?

악영향에서 벗어나는 긍정의 열쇠란

어린 시절 소중히 모았던 용돈 몇천 원을 주머니에 넣고 다니다 잃어버린 적이 있다. 언니와 함께 어버이날 선물로 손수건과 고무장갑을 사러 가던 길이었다. 열심히 찾으러 다녔지만 결국 찾지 못해 몹시 속상했던 기억이 생생하다. 지갑을 사용하기 시작한 후 버스에 지갑을 두고 내린 적도 있다. 취업 준비 시절 큰맘 먹고 생일 파티 겸 친구들에게 밥을 사기로 했다. 지갑이 없어진 것을 식당에서 발견한 적도 있다. 결혼 준비를 하던 시절 꽤 고액의 백화점 상품권을 현금 출납기계 위에 올려두고 깜박한 적도 있다. 잠시 후 달려갔을 때는 이미 상품권이 보이지 않았다. 이렇게 적고 보니 '너무 조심성 없고 덤벙대는 거 아니야?'라며 살짝 부끄러운 생각도 든다. 하지만 비슷한 경험을 해본 분들도 많으리라 생각한다.

잃어버린 것의 사용 목적을 생각하면 정말 속상하고 마음이 불편했다. 그 당시는 잃어버린 돈, 지갑, 물건 등을 찾는 일이 쉽지 않았다.

속상한 마음을 달래는 일이 필요했다. 쉬운 일은 아니었다. 하지만 나만의 방법은 간단했다. 아주 단순하게 생각하는 것. 잃어버린 돈이나 물건 등을 누군가에게 베풀었다고 생각했다. 꼭 필요한 사람이나 어려운 사람을 도와준 것이라 마음먹는 것이다. 헌금이나 기증을 했다고 생각하기도 했다. 그렇게 마음먹고 나면 속상함이 거의 사라졌다. 물론 완벽하게는 아니지만, 금세 마음이 편안해졌다. 어찌 보면 나만의 합리화 방법인 셈이다. 누군가는 "그게 그렇게 생각이 가능해? 난 못 그래. 돈 아까워…." 하며 나를 보고 이상하다고도 말했다.

　하지만 나는 생각의 전환으로 스트레스 상황에서 빨리 벗어날 수 있었다. 속상한 마음이 오래가지 않았고, 걱정과 고민도 깊게 하지 않았다. 홀가분한 기분과 안정감을 찾을 수 있었다. 개인차는 있겠지만 나에겐 최고의 방법이었고, 지금도 종종 사용하고 있다.

긍정의 생각과 태도

　'긍정'이란 단어는 어느 순간 우리 삶에 깊게 자리 잡은 듯하다. 정확히 이야기하면 직접적 실천보다는 지식으로 인지하는 사람이 더 많긴 한 것 같다. 우리는 누군가에게 조언할 때 이런 이야기를 자연스레 많이 한다.

　　- 긍정적으로 생각해야지.

　　- 잘 될 거야.

– 좋게 생각해.

– 그래, 긍정의 힘을 믿어보자.

– 희망이 있을 거야.

　실제로 우리는 부정적 생각과 감정을 자주 만나곤 한다. 피하고 싶어도 자신을 괴롭힐 때가 많다. 이것은 불안과 두려움, 자신감 하락 등의 상황을 가져온다. 이런 감정은 비판적이며 자기를 비하한다. 포악해지기까지 한다. 수시로 다가오는 부정 감정을 완전히 제거하는 것은 어렵다. 나도 모르게 불쑥 튀어나올 때도 있다. 감정을 점점 악화시키기도 한다. 자신도 모르는 이상 행동까지 연결되기도 한다. 이같이 우리에게 자동으로 나타나는 부정적 사고는 굉장히 무섭다. 바로 가장 파괴적인 스트레스 반응의 하나이기 때문이다.

　스트레스 반응 방식은 우리 삶에 큰 영향을 가져온다. 자주 만나는 비교적 사소한 스트레스 사건들도 자주 노출되면 좋지 않다. 만성 스트레스 반응을 가져오기 때문이다. 만성 스트레스가 큰 사건으로만 생기는 것이 아니다. 작은 감정에서 시작되기도 한다. 스트레스 상태를 가져오는 작은 부정적 감정은 너무 많다. 이것을 통해 스트레스가 극에 달할 수도 있다. 자신과 타인에 대한 무서운 폭력 상황을 접하게 될 수도 있다. 그래서 우리는 처음부터 이러한 상황이 발생하지 않도록 긍정적인 생각과 태도를 익혀야 한다. 긍정의 힘으로 부정 감정을 통제하는 습관을 만들어야 한다. 정말 중요한 일이다.

다행스럽게 긍정 심리학 등 관련 연구가 활발히 이루어지고 있다. 지인 중에 긍정 심리학에 관심을 가진 분들이 많다. 관련 지식을 위한 탐구 활동도 많이 하고 있으며, 사회적으로도 '긍정'에 대한 관심이 계속 늘어나고 있다. '긍정 학교'라는 이름의 학습 공동체도 수강생이 많다. 매달 열리는 긍정 관련 세미나에도 참석하는 사람이 많다. 높은 관심은 그만큼 영향력이 크다는 걸 보여준다. 복잡하고 부정적인 스트레스 영향에서 탈피하기 위해 긍정이 가진 힘을 인정한 것이다. 하지만 더 중요한 것은 학문으로, 지식으로 아는 것이 아니다. 삶에서 긍정의 태도를 실천하는 모습이다. 쉬운 일은 아니다. 긍정적 생각을 자신의 기본 태도로 장착하려고 노력해야 한다.

긍정 보너스를 획득하자

일반적으로 긍정적 사고를 하는 낙관주의자는 상대적으로 더 건강한 삶을 살아간다고 한다. 이들은 심혈관계 질환으로 인한 사망률이나 우울증 발병률 등이 상대적으로 낮다. 감기에 걸릴 확률도 더 낮다고 한다. 긍정적 사고방식으로 생활하는 사람은 스트레스 대처도 지혜롭다고 전문가들은 말한다. 다시 말해 긍정적 인생의 가치관이 만성 스트레스의 심각한 악영향에서 우리를 보호해주는 것이다.

긍정적 사고를 지닌 사람의 생활 패턴이 더 건전할 것이라는 믿음도 보편적이다. 운동을 더 많이 할 가능성이 높다. 식습관도 더 좋다. 무리한 음주와 담배를 피울 가능성도 적다. 물론 약간의 개인차는 존재한다. 하지만 자신의 삶에서 행복을 추구하기 위해 적극적으로 노력하는 사람들은 대부분 긍정적이다. 자신의 모습을 되돌아보자. 나는 얼마나 긍정적인가?

TO DO

긍정의 삶을 살아가는 사람에게 따라오는 보너스가 있다. 가장 큰 보너스는 바로 스트레스 감소다. 이것은 또 다른 보너스로 연결된다. 자신이 처한 상황에서 좋아하는 일을 스스로 찾아서 할 수 있게 된다. 타인의 평가로 받는 스트레스에서 자유롭기 쉽다. 스트레스를 스스로 통제할 힘을 얻게 된다. 현대인들이 고민하는 큰 문제 중 하나를 해결할 수 있는 열쇠를 얻게 되는 것이다.

To Think

1. 자신에게 긍정의 힘이 가장 필요하다고 생각되는 순간은 언제였나요?

2. 자신의 모습 중 당장 긍정의 생각이나 행동으로 바꾸고 싶은 것이 있다면 무엇인가요?

3. 본인이 알고 있거나 표현했던 것 중 가장 긍정적인 메시지는 무엇인가요? 그 메시지를 들었을 때 마음으로 어떤 감정을 느꼈나요?

옆 사람의 스트레스,
멀쩡한 나도 전염된다

사람은 다른 사람이 경험하고 느끼는 것을 감지하는 능력이 탁월하다. 일명 우리가 "눈치가 빠르다."라고 말하는 사람들일수록 이 점이 강할 것이다. 과학자들이 이런 능력을 담당하는 뇌세포를 규명했다. 바로 '거울 뉴런'이라 불리는 특화된 뇌세포다. '거울신경세포'라고도 불리는 이것은 신기하게 상대방의 감정을 감지한다. 그리고 거울처럼 따라 하게 만든다. 그 속도도 굉장히 빠르다. 이런 이유로 우리는 주변의 스트레스도 쉽게 느끼고 경험하게 되는 것이다.

빠르게 전염되는 간접 스트레스

쉴새 없이 투덜대고 짜증스럽게 이야기하는 친구나 동료가 있다고 가정해보자. 그 사람의 스트레스가 바로 자신에게 전해진다고 한다. 스트레스도 감기처럼 전염성이 있다는 연구 결과다. 하와이대 햇필드 교수팀은 "수동적 또는 간접적 스트레스는 급속히 확산될 수 있다."라고 발표했다. 사람은 타인의 목소리, 자세, 표정, 움직임을 따라 하는 능력이 놀라울 정도라고 한다. 결과적으로 다른 사람의 정신적 감정과 생활을 빠르게 느낀다는 것이다. 마치 스펀지처럼 주변 사람이 발산하는 감정적 전염을 쉽게 빨아들인다고 한다. 주변에서 항상 스트레스로 힘들어하며 이를 표현하는 사람이 있다면, 자신도 똑같은 상황으로 쉽게 변할 가능성이 크다.

친한 친구, 동료, 가족이 슬픈 일로 안타까워하며 슬퍼할 때 그 감정을 함께 공유하며 눈물을 흘려본 적이 있을 것이다. 감정의 빠른 전염성을 보여준다. 스트레스 또한 매우 빠르게 전염된다. 간접 스트레스는 '타인의 행동으로 인해 받게 되는 스트레스 반응'이다. 즉 스트레스 상황인 사람과 함께 있으면 자신도 스트레스를 받게 되는 것이다. 간접 스트레스는 다른 사람의 행동을 보고 해석하는 과정에서 생긴다. 아주 친밀한 사이인 가족 관계에서 가장 많이 일어난다고 밝힌 학자도 있다. 예를 들어 부부간 다툼이 있을 때, 함께 있는 자녀에게 부부의 스트레스가 그대로 전달된다.

조용한 공간에서 누군가 볼펜으로 딸깍딸깍 소리를 낸다. 이 행동은 스트레스 상황에서 습관적으로 하는 경우가 많다. 문제는 이로 인해 주변 사람에게도 스트레스가 전염된다. 그 소리가 듣기 싫어진다. 점점 짜증 나는 상황이 된다. 누군가 옆에서 화난 목소리로 언성을 높여 통화하는 것을 들어본 적이 있는가? 그때 자신과 다른 주변 사람역시 스트레스를 받게 되는 것도 느껴보았을 것이다.

스트레스를 표현하는 사람과 같은 공간에 있을 때 스트레스를 받는다. 이뿐 아니라 어려운 상황을 겪는 다른 사람을 보는 것만으로도 신체에서 스트레스 반응을 일으킨다는 연구 결과도 있다. 즉 TV 속 사건이나 인물을 통해서도 우리는 충분히 스트레스를 받을 수 있다. 사람들에게 슬픔을 주는 큰 사건으로 며칠 동안 뉴스가 넘쳐날 때가 있다. 이때 그 뉴스를 보는 사람들의 마음도 함께 슬퍼지며 우울해진다. 그리고 그 아픔이 오랫동안 자리 잡을 때도 있다. 이렇듯 우리는 주변에서 많은 간접 스트레스를 받으며, 아픔 또한 함께 경험하게 된다.

스트레스 호르몬인 코르티솔과 타액 속 관련된 수치 등을 측정한 연구를 통해서 위와 같은 사실을 알 수 있었다. 스트레스는 생각보다 섬세하게 다가온다. 말하는 사람의 미세한 어조, 표정, 자세 등을 통해 스트레스가 전달되기도 한다. 상대에 대한 감정이입도가 높을수록 간접 스트레스 반응이 크게 나타난다는 결과도 있다. 중요한 것은 타인의 경험이나 스트레스가 우리가 이해하거나 인식하지 못하는 방식으로 다가온다는 것이다. 부정적 전염의 효과가 자신도 모르게 나타날 수 있다는 점을 잘 기억해야 하겠다.

뇌신경에까지 영향 미치는 스트레스 전염

캐나다 캘거리 대학 연구팀은 뇌신경학적으로 스트레스가 전염된다는 사실을 밝혀냈다. 스트레스를 받은 생물체의 파트너도 뇌신경 회로가 상대처럼 바뀜을 동물 실험을 통해 확인한 것이다.

암수 쌍을 이룬 쥐들을 대상으로 실험을 했다. 한쪽 쥐에게 오랜 기간 스트레스를 준 다음, 짝에게 돌려보냈다. 이들을 얼마간 함께 지내게 한 뒤 뇌를 해부하였다. 결과는 스트레스 반응을 통제하는 뇌의 신경세포가 두 쥐 모두 동일하게 변해 있었다. 스트레스를 받은 쥐의 뇌 해마 부위의 신경 회로와 시냅스(뇌신경 세포 간 연결 부위)가 변했다. 신기하게 같이 지낸 파트너 쥐도 똑같았다. 스트레스로 분비된 호르몬으로 인해 해마의 기억 형성 능력이 떨어졌다. 불안감을 일으키는 호르몬의 분비도 동일하게 나타났다.

특이한 점은 짝에게서 스트레스가 전염되었던 암컷 쥐의 환경을 바꾸어 보았을 때 나타났다. 스트레스를 받지 않은 다른 파트너 쥐와 함께 있는 것만으로도 뇌 변화가 원래 상태로 돌아간 것이다. 아직 모두다 밝혀내지는 못했다. 하지만 간접 스트레스가 뇌신경 세포까지 변화시키는 작용을 할 수 있다는 점이 중요하다. 그만큼 우리에게 미치는 영향이 크기에, 주변에서 받는 간접 스트레스에 주의를 기울일 필요가 있다.

To Do

안타깝게도 다른 사람에게 자신의 스트레스가 고스란히 전해질 수 있다. 그리고 다른 사람의 스트레스가 나에게 그대로 전달될 수도 있다. 전염성이 빠르고 뇌까지 영향을 미친다고 한다. 이런 간접 스트레스에 대한 중요성을 생활에 잘 적용해야 한다. 나로 인해 주변에 어떤 영향을 끼치는지도 생각해야 할 문제다. 폭넓은 시야를 가지고 나의 스트레스와 주변 사람의 스트레스에 지혜롭게 반응하는 방법을 항상 고민해보자.

To Think

1. 주변 지인의 스트레스로 인해 자신이 힘들었던 경험이 있다면 무엇인가요?

2. 자신의 스트레스가 주변에 어떤 영향을 주고 있다고 생각하나요?

3. 간접 스트레스를 감소시키는 자신만의 특별한 방법이 있나요?

오프라인은
곧 정신적 재충전의 기회다

대학 시절 pc 통신 서비스가 시작되었다. 당시 학생들에게 아이디와 사용 권한이 제공되어 pc 통신을 처음 접하게 됐다. 전화선 모뎀을 이용한 접속으로 지금의 초고속 인터넷 속도와는 비교할 수 없이 느렸다. 하지만 새로운 경험이기에 신기했다. 채팅이나 커뮤니티, 정보 탐색 용도로 사용되었다. 당시 대학 동기 한 명이 이런 이야기를 했다. "나 pc 통신에 중독된 것 같아. 접속해서 사람들도 만나고 많은 정보도 얻어. 그런데 하루라도 접속하지 않으면 뭔가 손해 보는 느낌이야. 그래서 매일매일 접속해. 그리고 점점 시간도 길어지고 있어." 자신이 중독자 같아서 걱정된다는 이야기였다. 'pc 통신 중독'이란 표현은 당시 나에겐 너무 생소했었고, '뭘 그렇게까지.' 하며 가볍게 생각했었다. 하지만 최근에는 많은 사람이 공감하리라 생각된다.

SNS가 가져온 우울증과 스트레스

　현대인은 많은 시간 SNS를 사용한다. 이것은 부인할 수 없는 사실이 되었고, 이로 인한 문제점도 다양하게 제기되고 있다. 국내 취업 포털 사이트에서 SNS 이용 직장인을 대상으로 설문조사를 했다. "SNS로 인해 스트레스를 받아본 적이 있느냐?"라는 질문에 34.9%가 "그렇다."고 답했다. 스트레스를 받는 이유(복수 응답)로는 "개인정보 유출에 대한 염려"가 50.6%로 가장 많았다. 이어 "상대방의 메시지에 답해야 해서", "업데이트 자체의 스트레스", "틈날 때마다 글을 써야 한다는 부담감" 등의 답변이 나왔다. 또 "자신에 대한 악플", "접속하지 않으면 불안하다."라는 의견도 있었다.

　미국 피츠버그 의대 연구팀에서는 SNS 이용과 우울증의 관계를 조사했다. 19세에서 32세의 성인 1,800명을 대상으로 진행하였다. 조사 대상자들은 적어도 하루 1시간 이상 SNS를 이용했고, 일주일에 30번 이상 자신의 계정에 로그인했다. 사용 시간과 계정 로그인 횟수를 기준으로 비교했을 때, 상위 25% 사용자는 하위 25% 사용자보다 우울증 위험성이 높게 나타났다. 상위 25%의 우울증 발병 위험이 최소 1.7배에서 2.7배까지 높았다. 연구팀은 우울증을 나타낸 사람들에 관하여 심층 연구가 더 필요하다고 했다. 현실 도피의 이유로 SNS 사용 시간이 많은 것인지, SNS 사용이 우울한 기분을 유발한 확률이 높은 것인지에 대해서다.

　연구팀이 이야기하는 SNS와 우울증의 관계는 이러했다. 다른 사람의 게시글을 보면서 자신과 비교하는 경우가 생긴다. 이때 박탈감이나 상실감을 느끼게 되며, 그로 인한 스트레스가 커진다. 우리나라에서도 20대 대상의 한 조사에서 이와 비슷한 결과가 밝혀졌다. "자존감이 가장 떨어지는 순간은?"이란 질문에 대하여 가장 많았던 대답이 '행복해 보이는 지인의 SNS를 볼 때'였다. 20대 청년들도 SNS를 통해 자신을 상대와 비교하게 된다. 이를 통한 상대적 박탈감으로 인해 자존감 하락과 스트레스를 크게 느끼고 있던 것이다.

과도한 SNS 사용은 인터넷 중독의 징조일 수 있고, 인터넷 중독도 바로 우울증과 연관이 있다. 일반 인터넷과 다르게 SNS는 사람과의 관계성으로 인한 문제에 노출되는 위험성도 크다. 정보 제공의 편리함으로 시작된 인터넷과 SNS가 이제 안타까운 현실을 마주한 것이다. 사용하는 사람들에게 자존감 하락과 우울감 등을 느끼게 한다. 온라인상의 시간이 점차 늘어나면서 스트레스가 많아지고 정신적으로도 여러 부작용을 가져오게 됐다.

스스로 SNS에 중독된 것 같다고 하는 사람이 많아졌다. 이들은 그런 자신의 모습에 많은 자책과 후회, 스트레스를 느낀다고 한다. 최근 SNS 사용 시간을 줄이겠다고 결심한 사람이 많아지고 있다. 우리가 스트레스에서 멀어지기 위해 스스로 노력하고 있기 때문에 다행히 조금씩 개선되어 가는 것 같다. '하루 SNS 사용 시간 파악하기'를 시작해보자.

SNS 세상에서 현실의 세계로

〈왜 소셜 미디어 경영진은 소셜 미디어를 이용하지 않을까?〉 이 글은 2018년 1월 《가디언》이 올린 기사 제목이었다. 유명 SNS 회사의 고위 임원 중 누구도 정상적으로 그 SNS를 사용하고 있지 않다고 한다. SNS가 인간의 심리적 취약성을 이용해 중독 상태로 만든다는 분석도 말하고 있다. SNS를 통해 우리는 의미 없는 스트레스에 노출되어 있다.

어디에서나 인터넷과 SNS의 세계에 푹 빠져 있는 사람을 쉽게 볼 수 있다. 나 또한 예외가 아니다. 필요한 정보를 검색한다는 이유로, 사람들과의 연락이라는 이유로 SNS 사용 시간을 스스로 합리화한다. 물론 좋은 정보를 얻을 때도 많다. 그래서 계속 사용한다는 핑계를 대기도 한다. 나뿐 아니라 현대인의 삶이 거의 비슷할 것이다. 이와 함께 더 파급력 있는 또 다른 소셜 미디어도 계속 만들어지고 있다. 새로운 것에 관심이 생기는 것도 당연하다. 시대 흐름에 뒤처지지 않기 위해서라도 이용해야 할까 하는 고민이 생긴다. SNS는 새로운 정보에 접근하기 위한 필수 요소가 되었기 때문이기도 하다.

일각에서는 이러한 소셜 미디어의 문제를 파악하고 조금씩 멀어지려는 사람들이 생기고 있다. 그만큼 온라인에서 자신이 의도하지 않은 채, 받게 되는 스트레스를 느끼는 사람들이 많아졌다. 내 주변에서도 자신의 SNS 계정을 삭제하거나 비공개로 전환하는 사람들이 늘어났다. 여러 가지 이유가 있겠지만, 가장 큰 이유는 '상대적 박탈감'이 가장 많았다. 그다음으로는 큰 스트레스로 작용하는 '피로감'을 꼽았다.

SNS 속 사회적 관계를 통해 오는 피로감에 대한 이유를 설명해주는 이론이 있다. 옥스퍼드 대학 인지·진화인류학 연구소장을 지낸 던바 교수는, 한 사람이 관계성을 유지할 수 있는 친구의 수는 '150명'이 한도라고 말한다. 인간이 집단생활을 시작한 순간부터 지금까지 이 숫자는 동일하다. 그러나 현실의 사회적 관계는 지나치게 방대해졌다. 이런 사회적 관계와 SNS에 피로감을 느끼는 것은 당연하다는 이론이다.

SNS 친구가 5,000명이 넘는 한 직장인은 이제 그 계정을 비활성화했다고 한다. 주변에서 인맥 관리의 달인이라고 칭찬이 자자했었고, 자신도 그렇게 생각해 왔다고 말한다. SNS가 새로운 인맥을 쌓고 능력을 보여주는 도구인 것은 맞다. 하지만 어느 시점부터 스스로 능력 개발에 대해 노력을 하지 않고 게시글과 '좋아요'에 신경 쓰는 자신의 모습을 보며 회의를 느꼈다고 한다. 최근 주변에 이런 비슷한 이야기를 하는 사람을 종종 만날 수 있을 것이다.

SNS 사용자는 아직 많고 유효하다. 계속적 다양한 형태로 발전할 가능성 또한 확실하다. 하지만 조금씩 회의감과 안타까움이 생겨나는 시기에 들어섰다. 나름 혼란의 시대라고 말하고 싶다. 젊은 세대 사이에서 '탈 SNS'를 외치는 움직임도 있다. 편리함 속에 숨겨진 이면과 스트레스를 알아차리기 시작한 것이다. 조금씩 SNS 세상에서 현실의 세계로 이동하려는 움직임이 생겼다.

과다한 SNS 사용으로 인해 발생하는 피로감을 'SNS 피로증후군'이라고 한다. 얼마 전 취업 정보 업체가 실시한 설문조사에서 77%가 "SNS는 시간 낭비다."라고 대답했다. 또 67.3%가 "SNS에 피로를 느끼고 있다."라고 답했다. 하지만 이렇게 피로감과 많은 스트레스를 가져옴에도 불구하고 84.2%의 사람이 여전히 SNS를 운영하고 있다고 답했다. 이 결과는 쉽게 공감된다. SNS가 시간과 인생의 낭비라는 사실은 인정한다. 하지만 인맥 유지나 정보 공유를 위해 끊지 못하고 있다는 대답이다. 나 또한 이 84.2%에 속한다고 생각된다. 여러분은 어떠한가?

SNS 피로증후군에 걸린 사람들의 증상은 대략 이렇다고 한다. 하루라도 SNS를 안 보면 불안하다. 자신의 게시글에 누가 '좋아요'나 댓글을 달았는지 매우 궁금하다. 내 글에 댓글이 적으면 우울해진다. 아침에 눈 뜨면 스마트폰부터 찾는다. 다시 말해 SNS의 사용 시간이 늘어남에 따라, 정보 공유와 인맥 관리로 인한 피로감이 커진다. 이는 곧 과도한 스트레스로 연결된다.

To Do

완벽하게 SNS를 차단하고 지내기는 쉽지 않다. 최근 '소셜 블랙아웃'을 실행하는 사람들이 늘어나고 있다고 한다. SNS 중독자였다고 말하는 사람이 휴가 기간만이라도 앱을 삭제하고 온전히 오프라인에 집중하고 싶다고도 말한다. 자신만의 시간을 가지겠다는 의미가 포함된 것이다. 많은 현대인이 겪고 있는 'SNS 피로증후군'에서 벗어나기 위해선 큰 결심이 필요하다. 사회 시스템과 인간관계에서 완벽히 차단하는 것 또한 쉽지 않기 때문이다. 하지만 자신의 어떤 결심과 태도가 정신적 안정을 가져올지는 개인 스스로가 더 잘 알 것이다.

잠깐 스트레스 좀 풀고 올게요

TO THINK

1. 하루 SNS 사용 시간은 얼마나 되나요? 어떤 용도로 많이 사용하나요?

2. SNS 사용하고 난 뒤 자주 느끼게 되는 감정은 어떠한가요?

3. 자신의 SNS 사용에 대한 새로운 계획을 세워보세요.

불안하면 어때?
자신감만 얻으면 되지

　스트레스 상황에서 느끼는 감정은 다양하다. 그중 부정적 감정은 당연히 심리적, 신체적 부작용을 가져온다. 여러 부정 감정 중 많이 느끼게 되는 '불안'이란 감정을 잘 살펴야 한다. 특히 불안으로 인한 장애가 있는 사람들은 유난히 걱정이나 두려움을 많이 느낀다. 자신에게 일어나지 않은 최악의 극본을 미리 생각하기도 한다. 이런 일로 개인적 인간관계, 직업상의 문제, 삶의 질에 있어 문제가 발생할 수 있다. 이 불안은 마음가짐에서 시작되는 문제다.

　'불안'이란 요소를 통해 좌절과 근심 속에 살아가지 않아야 한다. 오히려 이것을 통해 흥분과 자신감을 만나야 한다. 일과 삶의 목표 성취를 이루는데 도움을 얻도록 해보자.

불안과 스트레스

　'불안'의 사전적 의미는 이러하다.

1. 마음이 편하지 아니하고 조마조마함.

2. 분위기 따위가 술렁거리어 뒤숭숭함.

3. 몸이 편안하지 아니함.

비슷한 말로는 '공포', '불안전'이란 단어가 있다. 불안함은 마음이 어딘가 불편하고 조마조마하는 긴장 상태다. 분명히 심리적 스트레스 상태와 비슷하다. 자신과 주변의 분위기도 안정되지 못하고 신체적으로도 불편한 상황이다.

실패했던 상황과 비슷한 상황이 다가오면 '나 겁나, 해도 안 될 거야…, 이제 그냥 안 할래…' 하고 기회를 아예 놔 버리기도 한다. 상처를 주었던 사람을 만나게 되는 상황이 닥치면 '아 진짜, 그 사람 보기 싫어, 그냥 가지 말자'라고 마음속 외침이 들린다. 만약 실제로 만남이 성사됐을 땐 뭔가 불쾌한 떨림도 마주하게 된다. 나도 그런 상황이 싫어서 아예 회피했던 적이 있다. 이런 것들이 불안에서 오는 스트레스를 경험하게 하는 것이다.

'불안'이란 감정에 대해 생각해보자. 불안은 예전에 있었던 짜증 나는 상황에 의한 자연스러운 반응이다. 경험으로 생기는 경우가 대부분이다. 실패했던 일이나, 굉장히 창피했던 경험이 남아 걱정이 앞서게 된다. 이것은 앞으로의 행동에 영향을 주게 된다. 우리는 각자의 직업과 인간관계, 혹은 여러 과제에 대한 공포나 두려움을 가질 때가 있다. 이런 불안으로 인한 극한 스트레스는 오래 지속 되는 편이다.

불안이 우리에게 미치는 나쁜 영향은 생각보다 크다. 기분을 빠르게 나쁜 방향으로 만든다. 말초신경을 건드려 불확실성에 대한 근심을 크게 한다. 그 기분 때문에 자신의 행동이 통제 당하고 있다고 느낄 수 있다. 또 우리를 우울하게 만든다. 많은 사람들이 겪고 있는 우울감이 불안에서 시작된다고 해도 과언이 아니다. 뿐만 아니라 기억력 감소와 자신감 결여를 가져오기도 한다.

불안은 이렇듯 여러 부작용과 함께 두려움이 앞장서게 만든다. 뇌의 회피 체계가 활성화되어 앞으로 전진하는 체계(발전 가능성)를 억제시키는 것이다. 무엇보다 가장 안타까운 건 불안의 심각한 상황이 악순환으로 계속된다는 것이다.

악순환을 선순환으로

얼마 전 지인과의 통화에서 이런 이야기를 나누었다. 그 지인은 요즘 너무 기분이 좋지 않고 불안하다고 자신의 심리상태를 밝혔다. 업무 프로젝트 제안을 받았는데, 그동안 관심이 많았고 해보고 싶던 분야라 떨림과 기대감으로 수락했다고 한다. 하지만 경험이 부족하기에 불안한 마음이 동시에 들었다고 한다. 문득 그 분야에 생각나는 친한 사람이 있어 파트너로 추천하고 수락되었다고 한다. 그런데 몇 번의 미팅 과정에서 벌어진 상황으로 부정 감정에 휩싸이고 있다는 것이다. 누구에게 말하기도 부끄럽다고 했다. 본인이 소개한 그 사람이 일을 주도하게 되며 뒤로 밀리는 기분이 들기 시작했다는 것이다.

'괜히 저 사람을 소개했나? 내가 혼자 한다고 해야 했던 것 아닌가? 노력하면 나 혼자도 가능했을 텐데…' 등의 불안감으로 우울한 상태라고 했다. 하지만 이번 프로젝트가 꼭 경험하고 싶은 분야였기 때문에 기대되고 흥분되는 마음이 더 큰 것도 사실이라고 한다. 나 또한 비슷한 경험을 했기에, 이야기 끝에 함께 내린 결론이 이러했다.

- 우리의 불안은 명확하고 확실한 자신감의 부족에서 오는 것이 아닐까?
- 포기하기 말고 이루고자 하는 방향으로 에너지를 사용하면 어떨까?
- 노력하고 자신감을 가진다면 그 불안을 통해 우리는 성장할 수 있을 거야.

그렇다면 우리는 삶을 긍정적으로 만들기 위해 불안의 악순환을 선순환으로 돌릴 방법에 대해 생각해야 한다. 불안이 우리에게 수많은 부정적 영향을 주지만, 불안이라는 스트레스를 통해 자신의 상태를 최적으로 만들 수 있다는 것도 기억해야 한다. 골프 황제란 별명의 세계적 골프선수 타이즈 우즈는 이런 말을 했다.

"더 이상 떨리지 않는 날이 은퇴하는 날이다. 불안이라는 쾌감은 그야말로 굉장하다."

우즈는 불안을 이용해 오히려 좋은 결과를 낼 수 있다고 자신했다. 불안 스트레스를 좋은 방향으로 활용한 것이다. 우즈의 이 신념을 뒷받침하는 실험이 있다. 펜실베이니아 대학 앨리슨 브룩스는 사람들이 불안을 느낄 상황을 몇 가지 설정했다. 그리고 참가자들을 세 그룹으로 나누어 '나는 불안하다', '나는 차분하다', '나는 흥분된다' 이렇게 외치도록 했다고 한다. 실험 후 참가자들의 심박수 변화를 통해 흥분된다고 외친 그룹 참가자들의 자신감이 상승했다고 한다. 실험의 객관적 결과도 훨씬 좋았다.

단 하나의 문장이 어떻게 자신감과 실제 능력에 영향을 끼칠 수 있을까? 이 실험에서 설정한 상황이 삶을 뒤집을 만한 중요한 불안은 아니었다. 평범하고 일상적인 불안이라 할 수 있다. 하지만 결과에 주목해야 한다. 브룩스는 '나는 흥분된다'라는 말은 위협보다는 도전의 마음을 가져온다고 했다. '흥분된다'고 말했던 참가자들은 "이 상황은 실패가 아니라 성공의 기회가 될 수 있어!"라고 생각하게 된다는 것이다.

실제 결과와 상관없이 도전 정신이 생겼다. 도전 정신이 생겼다고 해서 무조건 실력이 향상되는 것은 아니다. 우리 뇌에서 도전은 접근 체계와 연결되고 위협은 회피 체계와 연결된다. '흥분된다'라고 외칠 때 뇌는 도전이나 기회를 떠올리며 접근 상태가 된다. 이는 도파민을 증가시켜 집중력을 높여준다. 이로 인해 여러 실력이 향상될 수 있다. 지인과 대화 중 내린 결론을 잘 실천하면 될 것 같다.

To Do

어렵고 힘들다는 걱정과 함께 두려웠던 일에 대하여 자신만의 주문을 외쳐본 적이 있을 것이다. 사실 쉽지 않은 일이다. 다시 도전한다는 건 아주 큰 용기가 필요하다. 불안함을 흥분으로 전환하는 힘은 큰 내공이 필요한 일이다. '할 수 있어, 잘할 거야, 나는 흥분된다' 등의 자기암시를 통해 좋은 결과를 가져왔던 기억을 찾아내 보자. 그것을 선순환으로 잘 활용해야 한다.

To Think

1. 자신이 가장 불안함을 느끼는 일은 무엇인가요?

2. 그 불안함으로 어떤 일에 대한 도전 등에 걸림돌이 된 적이 있나요?

3. 불안함을 관리하는 자신만의 방법이 무엇인지 떠올려 보세요.

잠깐 스트레스 좀 풀고 올게요

스트레스를 감소시키는
분노의 힘

대한민국 아이돌 계의 새 역사를 만든 방탄소년단의 제작자 방시혁이 모교 대학 졸업식 축사를 하여 관심을 모았다. 졸업생 후배들을 위한 축사에 그의 진심을 담은 이야기가 화제였다. 그는 자신이 화를 많이 내는 사람이며, 오늘의 모습이 있기까지 걸어온 길을 되돌아보면 분명하게 떠오르는 이미지가 바로 '분노하는 방시혁'이라고 털어놓았다.

> 저에게는 꿈 대신 분노가 있었습니다. 납득할 수 없는 현실, 저를 불행하게 하는 현실과 싸우고 분노하며 이 자리까지 왔습니다. 분노는 저를 움직이게 한 원동력이었고 저를 멈출 수 없게 했습니다.

방시혁이 이야기한 '분노'는 우리가 일반적으로 생각하는 것과 다르다. 분개하며 불만과 화를 표현하는 일반적인 분노가 아니다. 자신을 발전시키는 원동력으로서의 분노였다. 이러한 분노는 상황에 대한 객관적 점검을 가능하게 한다. 상황의 재점검을 통해 감정의 안정도 찾게 된다. 당연히 스트레스에 대한 평가도 다르게 하는 힘을 지니고 있다.

목적성 있는 분노의 힘

지금부터 다음 문제를 함께 풀어보자.

첫째, 숫자 9,095부터 7씩 빼서 세기
둘째, 지능검사에 나온 계산 문제를 암산으로 풀기
셋째, 숫자 6,233부터 13씩 빼서 세기

'어? 이걸 풀라고? 뭐야, 짜증 나게….' 문제를 읽고 기분이 어떨지 궁금하다. 이 문제들은 실험 참가자들을 불편하게 만들기 위해 제시한 문제다. 이 실험의 연구진은 나아가 참가자들이 실수할 때마다 지적했고, 빨리 풀라고 다그쳤다. 이 문제 풀이로 지능이 측정될 것이고, 결과를 비교할 것이라 말했다. 이 상황은 참가자들의 마음을 매우 불편하게 하기에 충분했다. 즉, 연구진은 참가자들의 스트레스 지수를 높이기 위해 행동했다. 자신이 위 문제를 풀어야 하고 지적과 다그침을 들었다면 어땠을까? 당연히 스트레스 지수가 점점 높아졌을 것이다.

그런데 예상과 달리 모든 참가자가 그 상황에서 스트레스를 받은 것은 아니었다. 참가자들의 얼굴을 분석할 때 화를 낸 사람도 있었다.

이들의 몸엔 스트레스 호르몬인 코르티솔의 활동량이 증가했다. 혈압이 상승하는 등 자연스러운 반응을 보였다. 이렇게 분노를 느끼며 화를 낸 사람들이 스트레스를 많이 받았을 것으로 생각된다. 하지만 놀랍게도 결과는 예상과 달랐다. 참가자들의 신체 반응을 자세히 관찰했더니, 화를 낸 사람들이 오히려 스트레스를 훨씬 덜 받았다. 그 이유는 무엇일까?

이들은 그 자리에 있던 분노의 대상, 즉 연구진을 향해 분노의 표정을 드러냈다. 이런 분노는 저런 문제를 더 내지 말라는 뜻을 내포한 것이었다. 연구진을 향한 일종의 위협 신호였다. 다시 말해서 목적 있는 분노를 표출한 것이다.

분노가 '회복력'을 키워주려면 '목적'이 있어야 한다. 위 연구에서 자신을 괴롭히는 대상에 대한 분노는 효과를 발휘하지 못하더라도 목적이 있는 것이었다. 반면 목적을 잊은 채 시간이 지난 후 느끼는 분노, 뒤늦게 퍼붓는 저주 등은 전혀 소용이 없다. 위 상황에서 그 당시 스트레스를 받았지만 화를 내지 못했던 사람들의 경우가 그렇다. 분노는 자신을 방해하거나 위협을 주는 무언가를 없애고자 하는 '목표'가 있는 감정이다. 목표가 사라진 분노는 바퀴에서 분리된 자동차 엔진과 같다고 이야기한다. 엔진이 아무리 돌아도 소리만 요란하지 조금도 움직이지 않기 때문이다. 목적 없는 분노는 아무런 성과 없이 자신의 감정만 소모하고 스트레스만 쌓이게 한다.

일상에서 자신이 화를 냈던 상황을 생각해보자. 순간적 감정을 못

참고 화를 낸 적이 있었을 것이다. 나 또한 집안에서 그런 모습을 자주 보였던 것 같다. 일하면서 받은 스트레스, 남편에게 받았던 서운함 등의 감정 말이다. 목적성 없이 그냥 당시 눈앞에 있던 아이들에게 짜증을 내며 소리를 질렀던 모습이 떠오른다. 너무 부끄러운 모습이다. 만약 화를 내더라도 생산적인 결과를 가져올 수 있어야 한다. 자신의 삶과 사회에 도움이 되는 분노가 필요하다. 단순한 화풀이가 아니라 목적성 있는 분노를 통해 자신과 주변을 변화시킬 수 있다는 점을 기억하자.

재평가는 부작용 없는 진통제

동료에게 들은 이야기가 생각난다. 그 동료의 친구 아버지께서 오랫동안 정신질환을 앓다가 스스로 목숨을 끊으셨다고 한다. 친구는 오랫동안 괴로움 속에 빠져 있었다. 누구라도 그러했을 것이다. 아버지를 잃은 상실감을 느끼는 만큼 큰 분노 또한 더해졌다고 한다. 아버지의 무책임한 행동에 대한 분노로 큰 괴로움 속에 있었다. 불안과 스트레스는 점점 커졌다. 그런데 누군가 그에게 이런 이야기를 해주었다. "너, 만약 아버지가 암으로 돌아가셨어도 같은 기분일 것 같아?" 그는 아니라고 대답했다. "아버지는 아프셨던 거야. 그 선택도 질환의 증상으로 나타난 거야. 그러니 그렇게 화낼 필요는 없을 것 같아."

그 이후 친구의 변화는 놀라웠다고 한다. 그 사건에 대한 관점을 달리하니 더는 화가 나지 않았다고 한다. 화가 나는 원인에 대한 해석만 바꿔도 이렇게 결과는 달라진다. 돌아가신 분에 대한 분노는 대상이 없었다. 이 점이 스트레스를 높여 혈압 상승 등의 결과를 초래한 것이다. 분노가 사라지자 부정의 스트레스도 빠르게 사라졌다.

물론 모든 분노가 이 같은 재해석으로 사라지지는 않는다. 하지만 분노에 대한 사건과 상황을 개인적인 문제로 받아들이지 말고 객관화시켜 보자. 분노가 어느 정도 가라앉을 테고, 스트레스도 감소하게 된다. 이를 바로 '재평가'라 한다.

재평가는 뇌의 전두엽에서 일어난다. 전두엽이 힘을 합쳐 관점을 재구성한다. 힘들고 괴로웠던 일이 가진 부정 감정의 해소를 위해 노력한다. 이런 전두엽의 활동이 뇌의 감정 영역인 편도체에 전달되어 부정 감정을 만드는 활동을 감소시킨다. 우리가 분노의 상황에서 흔히 겪게 되는 스트레스 증상과도 멀어지게 된다.

일상에는 큰 분노를 일으키는 고통스러운 사건이 존재한다. 이런 사건에 대한 재평가는 정말 필요하다. '재평가는 부작용 없는 진통제다'라는 표현이 있다. 부정 감정을 만들어내는 뇌의 활동을 감소시키고, 분노와 두려움이라는 기분 나쁜 감정을 약하게 해준다. 이것 또한 모든 사람이 쉽게 적용할 수 있는 일은 아니다. 사람마다 개인차가 분명히 존재한다. 극심한 스트레스로 정상적인 생각이 힘들어진 사람에게는 더 힘들 수 있다.

사실 분노는 어려운 감정이다. 복잡하고 다루기 힘들다. 재평가 작업 없이 억누르는 것은 위험하다. 요즘 많은 사건으로 접하는 무작위 타인에 대한 분노와 원망도 마찬가지다. 상황과 운명에 대한 분노는 반드시 재해석, 재평가해야 한다. 그렇지 않으면 위험해질 수 있다.

하지만 구체적 대상을 향한 정당한 분노는 오히려 도전을 가져온다. 방시혁이 축사에서 이야기한 분노가 이에 해당한다. 정당한 대상이 있는 분노다. 도전과 성장을 가져오는 원동력이 된다. 우리는 상황을 재평가하려고 노력해야 한다. 이것을 제대로 하면, 분노로 인한 스트레스가 안전한 상황이 될 수 있다. 자신이 느끼고 있는 분노가 있다면 그 이유를 깊게 생각해보자.

목적 있는 분노일 경우 감정 조절과 행동이 긍정적인 방향을 향하게 된다. 이는 자신의 삶과 주변 사회에 의미 있는 변화와 성과를 가져온다. 목적 있는 분노와 재평가라는 작업을 통해 감정을 잘 통제한다면 정신적으로 강해질 수 있다. 자신을 괴롭히는 무한의 부정 감정에서 벗어나자. 일상에서 마주하는 분노의 상황을 슬기롭게 이용해보자.

To Think

1. 평소 자신의 분노 표출 방법이 순간적인 감정으로 인한 즉흥적인 모습과 목적성 있는 분노 중 어디에 가까운 모습인가요?

2. 자신의 발전 원동력으로 작용했던 분노가 있다면 어떤 것인가요?

3. 가장 최근의 분노를 재평가해 본다면 어떤 것을 이야기할 수 있나요?

잠깐 스트레스 좀 풀고 올게요

스트레스에서 벗어나는
출구를 찾습니다

지금까지 살아오면서 단 한 번의 어려움도 없었다고 자신 있게 말할 사람이 얼마나 될까? 아마 거의 없을 것이다. 만약 한 번도 없었다고 대답한 사람이 있다면 자세한 이야기를 들어보고 싶다. 회복력에 큰 도움이 될 것 같다. 각자의 역경과 어려움은 기간도, 중대함도 다를 것이다. 헤쳐나가는 방법도 다양할 것이다. 중요한 것은 어려움에서 벗어나는 힘이다. 자꾸만 아래로 떨어지는 것 같은 기분에서 벗어나야 하며, 조금씩 위로 올라가야 한다. 다시 미소 지을 수 있어야 한다. 이런 힘이 바로 회복력이다.

강점으로 회복력 찾기

나는 4회차로 구성한 강의 중 3회차 때 강점 찾기를 진행한 적이 있다. 4회차 강의 시작하기 전, 한 분께서 조심스레 다가오셔서 이렇게 말씀하셨다.

강사님, 저는 이 직장에서 10년째 일하고 있습니다. 사실 회사 생활이 너무 무의미하고 점점 자신감을 잃고 있었어요. 그냥 하루하루 때우는 심정으로 지내는 것 같았어요. 그런데 지난주 강점 찾는 시간을 통해 깜짝 놀랐어요. 제가 생각하지 못하고 살았던 부분이 높은 점수가 나왔어요. 희망, 낙관주의와 미래 지향성이 저의 높은 강점이었어요.

그날 많은 생각을 했어요. 고민해보니 저는 원래 미래에 대한 기대와 희망이 많고 밝던 사람이었어요. 회사 생활에 지치고 힘들다 보니 다 잊고 지낸 거 같아요. 그래서 먼가 새로운 시도가 필요하다는 생각이 들었어요. 그렇다고 사표를 내려는 것은 아니에요. 지금의 생활을 열심히 하며 먼가 다른 분야, 제가 배우고 싶었던 것을 찾아보려 해요. 지난주 강점 찾기가 제게 진짜 큰 도움이 되었어요. 감사드려요.

이 말씀을 하시던 그 분의 진지한 모습이 생생하게 기억난다. 진심을 전하시던 모습에서 약간의 떨림과 설렘도 느껴졌었다. 분명 지금은 활기차게 즐거운 생활을 하고 계시리라 확신한다. 이분의 말씀처럼 자신의 강점을 찾는 것은 자신감을 회복하는 데 매우 중요하다. 회복력은 습득 가능한 기술이다. 연습으로 그 근육을 단련할 수 있다. 누구의 도움이 아니라 자기 스스로 주체적으로 해낼 수 있다는 점도 중요하다. 회복력은 스트레스를 덜 받으며 삶의 어려움을 헤쳐나갈 수 있는 능력이며 노력을 통해 충분히 커질 가능성도 있다. 회복력을 통해 개인의 인생이 달라질 수 있고, 나아가 가족과 조직도 달라질 수 있다. 회복력이 강한 사람들로 구성된 가족의 모습은 어떨까? 조직 구성원의 회복력이 강하다면 어떨까? 긍정적 태도로 활기찰 것이다. 경험을 잘 활용하여 다음 목표에 도움을 주고, 자신감과 희망이 넘치는 모습일 것이다. 회복력을 잘 키우면 삶 속의 스트레스를 즐길 수 있다.

회복력과 스트레스

스트레스와 회복력은 함께 생각해야 할 부분이 많다. 회복력은 1974년 조현병 어머니를 둔 고위험군 아동의 스트레스와 그 대처에 관한 연구를 통해서 대두되었다. 이후 대참사에서 살아남은 사람들의 정신적, 사회적, 신체적 기능과 관련된 내용을 설명하기 위해 전개되었다. 이전에도 비슷한 개념의 연구는 다양하게 이루어졌었다. 이후 개인의 강점과 자원을 강화하는 패러다임으로 전환되는 과정에서 등장한 개념이 회복력이다. 회복력에 관한 연구는 빠르게 성장했다. 심리학, 교육학, 사회학, 경제학 등 많은 학문 분야에서 관심을 기울였고, 지금도 발전하고 있다.

회복력은 사전적으로 "물질이나 조직의 유연하고 탄력적인 성질"이라 정의한다. 그 외 분야에서도 다양하게 개념 짓고 있다. 특히 심리학 등에서 인간에게 적용하여 더욱 화제가 되었다. 국내에서도 '회복 탄력성'이란 개념으로 소개되어 큰 관심의 대상이었다. 사람들이 중요하게 생각하는 개념으로 인식되었다. 회복력은 개인의 선천적인 능력은 아니다. 다양한 스트레스 상황과 역경에서 나타나는 개념이다. 개인의 적응 및 성장에 긍정적으로 영향을 주는 내적 특성과 관계가 깊다. 단 개인차가 크게 나타날 수 있다. 그 외 가족이나 주변 환경 등 여러 요인도 포함한다.

회복력은 역경에도 불구하고 원래대로 돌아가 보통 이상으로 살아가는 인간의 능력이다. 주로 상황이 좋지 않을 때 그것을 헤쳐나가는 힘이다. 이 때문에 회복력은 어려움을 기본 전제로 한다. 어떻게 헤쳐나가는지에 주목하는 것이다. 당연히 스트레스를 받는 상황이 대부분이다. 이때 주어진 상황을 부정적 감정으로 바라보지 않도록 해야 한다. 쉽지만은 않을 것이다. 지나간 삶을 돌아보면서 가장 힘들었다고 생각되는 사건이 누구에게나 있다. 그것을 나름의 방법으로 극복했기에 지금의 자신이 존재한다. 그 극복하는 힘이 바로 회복력이다. 그 상황을 흘러가는 변화의 한 지점으로 생각해보자.

변화와 선택으로 가능하다

한동안 열풍처럼 오디션 프로그램이 인기리에 방영되었다. 그 종류도 다양하다. 시청자들은 다양한 참가자의 인생을 만나게 된다. 그래도 유독 더 관심을 받고 감동을 주는 참가자들이 항상 존재한다. 바로 어려운 역경을 견디고 노력하며 그 자리에서 최선을 다하는 참가자들이 그렇다. 찐한 감동을 주는 역경 극복 스토리는 뭔가 우리의 마음을 따뜻하게 해주고 그 참가자에게 진심 어린 응원을 보내게 해준다. 그것이 그 참가자가 보여준 회복력의 힘이다. 그리고 그렇게 전달된 힘을 자신의 인생에 오버랩해 볼 수 있다. '그래, 저 환경에서도 저렇게 견뎠는데, 나도 할 수 있을 거야. 나도 용기를 내보자.' 이러한 마음속 외침이 생긴다. 회복력을 통한 변화의 지점을 함께 공유하며, 성장하는 것이다.

그 변화의 지점에서는 분명 배운 점이 있다. 지인과의 대화 중 들었던 이야기가 기억난다. "힘들었던 일은 다른 무엇을 깨닫게 하는 시련 같더라. 그 일이 없었다면 모르고 지나갈 수 있었던 점을 알게 되더라고…." 바로 회복력을 경험하는 것이다. 어떤 모임에서 회복력을 발휘했던 상황을 이야기하는 시간을 갖는다면 어떨까? 아마 자신의 경험담을 이야기하느라 시간이 부족할 것이다. 밤새 이야기해도 다하지 못할 수도 있다. 그만큼 누구나 크고 작음을 떠나 회복력을 경험하며 지내기 때문이다. 회복력은 그 상황을 부정적으로 보지 않는 것이 특징이다. 뭔가 조금은 나아질 거라는 긍정적인 방향으로 이끌어준다. 자연히 부정적 스트레스를 편안하게 잘 흘러가도록 만들어준다. 스트레스에서 벗어나는 길에 가까워지는 것이다.

건강검진 후 예상치 못한 질병 소식을 접하는 환자들이 많다. 어떤 병이건 당사자에겐 충격이 클 것이다. 아무리 생명의 위협에서 조금 안전하다 할지라도, 초기 암 판정을 받은 환자에게조차 암은 암이다. 주변에서 "다행이다. 괜찮을 거다. 조기 발견했으니까 수술 잘 되면 완치될 거다."라는 이야기로 위로를 해준다고 한다. 하지만 직접 경험해보지 않은 사람은 그 심정을 모른다고 말한다. 그들에겐 삶이 무너

211

지는 듯한 큰 역경이다. 밑바닥까지 떨어지는 암울함을 경험하는 것이다. 억울함과 분한 심정도 가득할 수 있다. '열심히 지낸 것밖에 없는데, 나에게 왜…?' 하며 망연자실하는 모습도 있다. 그럼에도 여러 노력으로 극복해가는 과정을 볼 수 있다. 이 과정 또한 회복력이 주는 힘이다.

최근 지인들의 암 소식을 접하는 횟수가 많아졌다. 그들의 대처 방식이 심리적 안정과 회복력에서 다른 결과를 보여주는 것이 확실하다. 비슷한 병도 사람에 따라 극복 과정과 치료 속도가 다르다. 이것이 각자가 가지고 있는 회복력의 차이다. 물리적으로 동일한 치료가 이루어져도 각 개인의 마음가짐이 치료에 영향을 준다. 그렇기에 우리는 회복력을 키워야 한다. 각자의 회복력의 크기와 무게를 늘리기 위한 운동이 필요하다. 어떤 변화와 어떤 선택이 회복력의 부피를 키우게 될지 많이 고민해봐야 한다.

회복력은 단순히 스트레스를 많이 받는 상황을 벗어나는 것만이 아니다. 진정으로 회복력을 발휘한다는 것은 마음가짐의 태도에서 비롯한다. 힘든 상황에서 느끼는 감정 자체가 스트레스는 아니다. 무엇인가 해야 한다는 압박감일 때가 많다. 다시 말해 감정적 혼란의 반복과 압박감이 합쳐져 스트레스가 된다. 회복력을 키우는 중요한 열쇠는 압박감을 스트레스로 만들지 않는 것이다. 이때 자신에게 있는 선택권을 사용해야 한다. 압박감도 되돌릴 수 있다. 원래대로 돌아가는 능력이 있다. 그것을 잘 사용해서, 어려움을 이겨내는 선택을 해야 한다. 우리는 당연히 그럴 능력을 갖추고 있기 때문이다.

To Think

1. 가장 감동했던 역경 극복 스토리가 있다면 무엇인가요?

2. 그 스토리의 어떤 점이 자신의 마음에 울림을 주었나요?

3. 자신이 잘 발휘할 수 있는 회복력 하나를 선택해서 그 부피를 키워나간다면
   어떤 회복력을 키울 건가요?

잠깐 스트레스 좀 풀고 올게요

'감사 습관'으로
스트레스와 멀어지기

스트레스의 대가라고 불리는 한스 셀리에가 하버드 대학에서 고별 강연을 했다. 많은 교수와 학생이 강당 자리를 가득 채웠고, 강연 후 모두에게 기립 박수를 받는 감동의 시간이었다. 강연이 끝나고 셀리에 박사가 나가려는데 한 학생이 길을 막고 이렇게 질문을 했다.

박사님, 우리는 지금 엄청난 스트레스 홍수 시대에 살고 있습니다. 그렇다면 스트레스를 해소할 수 있는 비결을 딱 한 가지만 이야기해 주십시오.

스트레스 대가에게 스트레스 해소법을 딱 한 가지만 대답해달라는 질문이었기에, 모두의 관심이 집중되었다. 셀리에가 어떤 대답을 할지 말이다. 셀리에 박사는 이렇게 대답했다고 한다.

Appreciation!

감사하며 살아가라는 이 한마디에 많은 청중이 조용해졌다고 한다.

내가 느낀 작은 감사의 경험

'감사'는 어떤 의미로 삶에 영향을 미치고 있을까?

'감사'를 통해 긍정의 삶을 실현할 수 있을까?

'감사'가 스트레스 해소에 효과가 있을까?

나는 이 물음에 대해 사실 크게 확신이 없던 사람 중 하나다. 감사 관련 도서들과 강연, 감사 일기의 유행을 제3자의 입장에서만 지켜보았다. '그냥 뭐 별거 아닌데 그러네….'라고 생각했다. 좋은 것은 알지만 감사가 내 삶에 큰 영향을 줄 것이라는 확신도 전혀 없었다.

우연히 감사 관련 강사 과정에 참여하는 기회가 생겼다. 과정 중 활동으로 '100 감사'를 쓰는 시간이 있었다. 대상을 정해 100가지 감사를 쓰는 것이었다. 마음속으로 '시간도 오래 걸리고, 팔도 아프겠네. 군이 뭐 이걸 써야 하는 걸까?' 하고 불평하며 큰 기대 없이 시작했다. 하지만 감사를 적기 시작할 때 뭔가 울컥하는 것이 올라왔다. '왜 이러지?' 하는 생각이 들었지만 100 감사를 채우는 시간 내내 눈물을 흘리며 감사 쓰기를 하고 있었다.

사실 지금도 왜 내내 울었는지 잘 모르겠다. 내 마음이 그 당시 뭔가 힘들었나 하는 기억으로 남아있다. 그리고 100일 동안 하루에 다섯 가지 감사 일기를 꾸준히 작성하는 과제가 있었다. 100일이나 그것도 하루에 다섯 가지 감사를 써야 한다고? 할 수 있을까 하는 걱정이 들었다. 하지만 함께하는 온라인상 공간에서 힘을 얻으며 성공할 수 있었다.

물론 100일 동안 감사 일기를 썼다는 이유로 인생이 드라마틱하게 변하는 것은 절대 아니다. 그런데 확실한 것은 마음가짐이 달라졌다는 것이다. 다섯 가지 감사 소재를 찾기 위해 하루하루 일과를 정리하며 긍정의 에너지를 얻을 수 있었다. 힘들었던 일 속에서 차츰 감사할 것이 생각나게 되었다. 감사 일기 쓰기는 그 사람의 자존감 향상에 큰 효과를 준다는 것도 확실하게 느꼈다. 나만 그렇게 느낀 것이 아니었다. 함께하는 분들도 감사 쓰기를 통해 삶의 태도가 변하는 모습을 보았다. 그로 인해 많은 변화를 경험하고 있었다.

이런 일을 계기로 감사의 기적이라는 표현에 어느 정도 공감할 수 있게 되었다. 감사로 삶이 변한다는 많은 책의 이야기가 이제는 조금 이해되었다. 감사를 통해 스트레스를 바라보는 생각과 관점이 달라질 수 있다는 것도 확실하게 느꼈다. 스트레스의 부작용에서 벗어나는 데 감사는 좋은 상처 치유제의 역할을 제대로 한다. 일상에서의 감사 생활 습관은 상황을 바라보는 관점을 긍정적으로 변하게 한다. 당연히 스트레스를 바라보는 관점도 긍정의 방향으로 전환된다.

감사 표현으로 스트레스와 멀어지기

감사할 것을 생각하는 시간 자체가 스트레스 호르몬을 23%나 감소하는 효과를 가져온다고 한다. 그래서 연구자들이 매일 감사함을 표현하는 감사 일기가 그렇게 중요하다고 한 것이다.

　미국의 심리학자들도 오랜 연구 끝에 감사의 과학적 변화를 확인했다. 감사를 통해 뇌의 전전두피질이 활성화되어 스트레스를 낮추고 행복감이 증가하는 것이다. 학자들은 이를 'RESET'(재설정) 버튼을 누르는 효과라고 설명했다. 인간이 느끼는 가장 강력한 감정이 감사임을 연구를 통해 재확인한 것이다. UC 데이비스의 교수 로버트 에몬스도 그의 저서 《감사의 과학》을 통해 "감사하는 사람은 훨씬 살아 있고, 경각심을 가지고 매사에 열정을 가지고 적극적으로 임한다. 그리고 주변 사람들과 더 가까이 지내는 패턴이 있다."라고 이야기했다. 그리고 감사 일기의 효과에 대해서도 발표했다. "감사는 생리학적 스트레스 완화제로 분노, 화, 후회 등 불편한 감정들을 덜 느끼게 한다." 다시 말해 엄청난 힘을 가진 것이다.

　그렇다면 이런 감사를 어떻게 표현해야 할까? 가족과 지인, 동료, 상사들에게 하는 '감사 표현'을 통해 행복감을 높일 수 있다. 평상시 가지고 있던 공격성이 감소하는 효과도 볼 수 있다. 일상에서의 감사 표현에 인색하지 말고 드러내자. 덧붙여 자신에게 하는 감사 표현도 잊지 말자. 자기 자신에게 감사하는 마음은 자존감과 행복감을 만들어내는 좋은 자원이 틀림없기 때문이다.

To Do

감사 습관이 가져오는 삶의 변화를 함께 경험하면 좋겠다. 그 경험은 인생의 큰 자원이며, 삶을 변화시키는 힘이 있다. 힘들었던 삶의 무게를 긍정의 에너지로 변화시킬 수도 있다. 부정적 사건과 극심한 스트레스를 경험했던 분이라면 더욱 더 필요한 일이다. 감사를 통한 행복감을 주변 사람과 함께 나눌 수 있게 된다. 스트레스가 줄어들고, 신체적으로도 건강한 삶을 살아갈 수 있다. 감사라는 것을 일상의 친구처럼 항상 곁에 두고 자주자주 만나는 생활을 해보자. 큰 변화를 경험하게 될 것이다.

To Think

1. 그동안 자신이 생각하던 '감사'에는 어떤 의미가 있었나요?

2. "감사하다."라는 표현을 어느 정도 하고 있나요?

3. 지금, 이 순간 떠오르는 감사함을 5가지 이야기해 보세요.

잠깐 스트레스 좀 풀고 올게요

5단계

4단계

3단계

2단계

1단계

스트레스를
피할 수 없다면
즐기자!

간접 스트레스를 줄이는 방법

앞에서 살펴본 여러 연구 결과처럼 스트레스는 빠르게 전염된다. 그리고 뇌신경에까지 구체적인 영향을 주게 된다. 기억력을 감소시키기도 한다. 혈압 상승과 불안감, 피로감을 상승시키는 호르몬을 분비시킨다. 스트레스가 유난히 많고 깊게 영향을 받는 사람과 교류를 조심해야 하는 중요한 이유다. 뇌신경까지 변할 수 있기 때문이다. 주변인에게서 오는 간접 스트레스를 줄이는 방법을 생각해 보았다.

첫째, 자신과 친한 사람이 스트레스를 전염시킨다면 과감히 이야기하고 도와주자.

스트레스가 많은 사람과 친한 경우를 생각해보자. 만나는 횟수가 많고, 통화 등 함께 공유하는 시간도 많은 경우다. 이때 자신도 모르게 그 사람의 스트레스를 고스란히 전달받게 된다. 시간이 지날수록 그 사람과의 시간이 불편하다고 느낄 것이다. 그렇다고 그 사람과 멀리할 수도 없는 상황이다. 이때는 친하다는 전제가 있기에 과감해지라고 말하고 싶다.

자신의 감정을 솔직히 전달하자. 부정 감정으로 인한 부작용을 솔직히 이야기한다면 상대방도 충분히 이해할 것이다. 긍정적이고 건설적인 이야기를 하는 것이 좋겠다고 제안해보자. 부정 스트레스를 전염받으며 힘들어하는 자신의 모습을 참고만 있지 말자. 서로에게 긍정의 에너지를 전해주도록 하자. 처음에는 그 사람과 불편하거나 어색해질 수도 있다. 하지만 시간이 흐른 뒤 지인에게도 분명 도움이 되고 결국은 고마워할 것이다.

둘째, 관계성이 밀접하지 않다면 그 사람과 적당한 거리를 두자.

개인적으로 밀접한 관계가 아닌 사람에게서 스트레스를 전염 받는 경우가 있다. 사적인 자리가 아니라 공적인 자리, 또는 어쩔 수 없이 만나야 하는 상황도 있을 것이다. 그 사람과의 만남이 자신에게 스트레스 전염의 원인이 된다면 과감히 거리를 두라고 말하고 싶다. 꼭 필요한 자리가 아니라면 부정 스트레스를 전달하는 사람과의 만남을 피하는 것이 좋다. 대부분 공적인 일로 만나는 경우일 텐데, 속마음을 전달하지 못할 거리의 사람일 확률이 높다. 그 사람을 만나도 스트레스에 전염되지 않을 자신만의 방어벽이 있다면 괜찮다. 하지만 그렇지 않다면 당분간은 적당한 거리를 두고 자신을 먼저 보호하자. 간접 스트레스로 인한 건강은 스스로 지켜내는 것이 중요하기 때문이다.

셋째, 긍정 에너지를 전하는 사람과의 만남을 늘려보자.

스트레스가 적거나 대응 능력이 강한 사람과 교류하는 것이 필요하다. 뇌신경도 긍정적인 영향을 받기 때문이다. 마음이 편한 사람을 만나면 자신도 모르게 모든 것이 편해지는 경험을 해보았을 것이다. 어떤 모임에 처음 참석하더라도 공감과 격려를 해주고, 긍정 에너지를 받는 곳이 있다. 내가 만나서 편하고 기분이 좋아지는 곳이라면 시간을 투자해서 참석하고 만나도록 하자.

주변의 어떤 모임 중 참여자가 계속 늘어나고 모임 후 사람들의 이야기가 항상 긍정적인 곳이 있다. 자세히 살펴보면 그곳에선 서로 격려하고 위로하며 힘이 되는 이야기가 오간다. 힘들었던 마음을 편안히 내려놓고 긍정 에너지를 받을 수 있는 곳이다. 현대인들에게는 이런 사람이나 모임을 통해 자신의 간접 스트레스를 줄이며 활동하는 것이 필요하다. 즉, 정신이 건강한 사람과 만나 교류하는 것이 좋다.

'불행은 혼자 오지 않는다.'라는 속담이 있다. 긍정적이고 낙관적인 사람들을 주변에 가까이하자. 긍정적 기운에 둘러싸일 수 있는 좋은 방법이다. 그리고 자신이 주변 사람에게 어떤 에너지를 전달하는지 꼭 함께 생각해보자.

온라인에서
평정심 유지하기

SNS를 전혀 사용하지 않고 살아가기는 사실상 쉽지 않다. 차라리 현명하게 그리고 지혜롭게 조금씩 해방되는 방법을 생각해보자.

첫째, SNS 공간에서 완벽함에 대한 압박을 내려놓자.

많은 현대인이 타인의 시선 때문에 완벽함에 관한 부담감을 스스로 만들고 있다. 자신이 스스로 만드는 SNS 감옥에서 벗어나야 한다. SNS로부터 자유를 찾아야 한다. 완벽해야 할 필요가 있을까? 자신의 마음을 잘 살펴보자.

둘째, '누군가가 봐주지 않으면 어떻게 하지?'란 두려움을 내려놓아야 한다.

SNS를 사용하는 경우 자신의 게시글에 대한 사람들의 관심에 주목한다. 하지만 스스로 당당해야 한다. 최근 한 지인의 SNS를 보면 다른 사람들의 반응과 상관없이 소신 있게 사용하고 있었다. 자신만의 콘셉트로 필요한 용도로만 사용하는 경우다. 때론 댓글이 전혀 없을 때도 있다. 그것과 상관없이 자신의 공간을 만들어가는 그 당당함이 오히려 건강하게 생각된다. 주체적으로 자신감 있게 SNS를 사용하는 건전한 방법이다.

셋째, 오프라인 현실에 집중하며 의미를 찾도록 하자.

온라인은 사실과 다르게 왜곡되는 일이 많다. 그로 인한 스트레스와 상처가 또 다른 부작용을 가져온다. 점차 오프라인으로 눈을 돌리자. SNS 사용 시간을 조금씩 오프라인으로 돌린다면 온라인에서 지친 마음의 상처가 오히려 쉽게 치유되는 과정을 경험할 수 있다.

편안한 오프라인 시간은 지친 마음에 쉼과 같은 안식처가 될 수 있다. 온전히 자신에게 집중하는 시간은 정신적 재충전의 기회가 되므로 그 시간을 잘 이용하자. 자신만의 규칙을 만들어 조금씩 오프라인에서의 시간을 늘려가 보자. 피로감 해소와 스트레스 감소라는 놀라운 효과를 경험하게 될 것이다. 덤으로 시간적 여유도 얻게 된다. 생산적이고 창의적인 활동을 해도 좋다. 온전히 자신만의 휴식 시간으로 활용해도 좋다. 자신에게 있던 정신적 압박과 스트레스에서 벗어나 편안한 재충전 시간으로 재창조될 것이다.

불안 스트레스를
제대로 관리하자

우리는 일상의 크고 작은 스트레스 속에 살지만, 그것들을 잘 견디고 막아내려고 노력하며 살아간다. 우리의 감정에 생기는 불안한 마음을 줄이고 삶의 활력을 찾아야 한다. 그 감정으로 인한 스트레스의 악영향에서도 벗어나야 한다.

첫째, 불안함을 역이용하자.

불안한 마음이 생길 때는 심리적으로 위축된다. 하지만 대부분 자신의 능력에 자신이 없을 때 노력하려는 마음을 가진다고 한다. 그 결과 능력이 향상될 가능성도 커진다. 다시 말해 자신이 꼭 성취하고자 하는 것이 있을 땐, 그것이 어렵다는 생각이 들면 더 노력하게 된다는 뜻이다. 불안의 마음을 통해서 성취력이 생길 수 있다. 불안을 도전과 흥분의 상황으로 전환하자. 불안함과 무력감으로 인해 생기는 낮은 자신감이 꼭 성공의 방해물은 아니다. '난 아직 조금 부족해.'라는 생각과 불안한 감정이 자신의 가능성을 발전시킬 수 있다. '노력하면 할 수 있을 거야.'라는 흥분의 마음으로 불안을 전환해보자. 결과에 대한 자신감이 생길 것이다.

둘째, 시간을 조절해보자.

사실 현대인들이 겪는 불안의 가장 큰 원인은 시간의 압박이다. 우리는 정해진 시간 안에 해야 할 일이 너무 많다. 물론 계획을 잘 세워 시간을 여유롭게 잘 활용하는 사람도 많다. 하지만 대부분은 그렇지 못하다. 시간 계획의 실패로 인해 급박함과 스스로에 대한 좌절감을 느꼈던 적이 분명 있을 것이다.

일주일, 아니 하루의 시간 계획이라도 꼭 세워서 실천해보자. 그리고 본인이 정한 시간과 기간 내에 외부에서의 방해는 철저히 차단해보자. 방해 요소를 없애고 시간 계획을 실천하자. 시간적 압박에서 오는 큰 불안 요소가 사라지게 될 것이다.

셋째, 큰 프로젝트를 작은 과제들로 나누자.

스탠퍼드 대학 정신과의 키스 험프리 교수는, 걱정과 불안은 직장에서 일을 질질 끄는 형태로 나타날 수 있다고 말한다. "불안이 있는 사람은 제시간에 출근하고, 일을 끝맺고 싶어 한다. 그러나 불안이 그들을 마비시킨다." 험프리는 이렇게 조언한다. 주어진 과제가 너무 크게 느껴지면, 그 프로젝트를 최대한 작은 과제로 쪼개보아라. 작은 목표는 개인과 사회 불안을 다스리는 데도 효과적이다. 예를 들어 자신이 참석해야 하는 모임 자리가 부담스러울 수 있다. 그 모임에서 꼭 다른 사람과 친해져야 하고, 즐겁게 해줘야 한다는 걱정을 미리 하지 마라. '모르는 사람 한 명과 대화하겠다.'라는 등의 작은 목표 한 가지만 세워보자.

　각자의 불안을 떨쳐버릴 수 있거나, 흥분으로 전환할 수 있는 자신만의 방법을 찾아내자. 불안이 가져오는 도전과 접근 체계를 이해하고, 자신의 삶에 적용하자. 불안감도 나에게 도움을 줄 수 있는 멋진 감정이라 생각하게 될 것이다. 불안의 감정을 흥분과 쾌감의 감정으로 전환한다면, 앞으로 큰 성취가 가능해질 것이다.

남들보다
빠른 회복력 키우기

회복력은 마음의 근육과 같다고 보면 좋다. 꾸준한 연습으로 키워나갈 수 있다. 역경으로 인해 밑바닥까지 떨어진 사람들이 있다. 이후 강한 회복력으로 올라오는 이들은 대부분 원래 위치보다 더 높은 곳까지 올라갈 수 있다. 그렇다면 회복력을 키우는 방법은 무엇이 있을까?

첫째, 긍정적 태도가 우선이다.

역경의 순간이 나에게 다가왔을 때, 그것을 긍정적으로 바라볼 수 있는 태도다. 부정적 감정이 먼저 떠오르는 것은 당연하다. 하지만 그것을 극복해야 한다. 작은 것이라도 긍정적으로 생각하고, 표현하는 태도가 중요하다. 지금 당장 어제의 사건을 생각해보자. 긍정과 부정의 감정 중 무엇이 떠오르는가? 부정적 감정이 떠오른다면 아주 사소하게라도 긍정의 관점으로 다시 한번 되새겨보자. 그리고 표현해보자. 간단히 적어보아도 좋다. 이 연습의 시작이 분명 도움이 된다.

삶 속에서 배울 수 있는 점은 많다. 그렇지만 의미 없이 지나치는 경우가 대부분이다. 자신의 삶에서 어려움을 이겨냈던 노하우를 잘 기억하자. 힘든 시절이었기에 생각조차 하기 싫겠지만 자신만의 엄청난 노하우가 될 수 있는 경험이다.

경험이 주는 선물을 잊지 말자. 그 의미를 찾아서 기억하자. 자신만의 경험뿐 아니라 타인의 경험과 노하우도 회복력을 구성하는 튼튼한 토대가 된다. 가족, 동료, 선후배, 상사들의 경험도 큰 자산임을 잊지 말자.

일상 속에서 바쁘게 지내다 보면 자신이 지닌 긍정 요소는 희미해진다. 기억에서 잊고 지내는 것이다. 자신의 강점과 긍정 요소가 역경의 순간 얼마나 큰 역할을 하는지 알아야 한다. 강점을 발견하면 삶의 즐거움이 보장될 수 있다. 그것이 시련에서 벗어나는 큰 힘이 된다. "나에겐 이런 면이 있어! 잘 될 거야!"와 같은 자기 다짐이 가능해진다. 희망을 품으면 미래에 대한 자신감은 저절로 생기기 마련이다. 미래에 대한 구체적 계획을 구상해보게 된다. 이 과정이 회복력의 효과를 극대화하고 스트레스에서 멀어지게 한다.

긍정 태도를
만드는 기술

일상을 바라보는 긍정의 태도는 우리 인생을 행복한 삶으로 안내한다. 긍정 태도를 몸에 익히고 제대로 통제하고 실천하는 자세가 필요하다. 이는 자신의 가치를 높이고, 삶을 긍정적으로 바라보는 연습이된다. 이 연습이 우리를 스트레스의 부정적 원인과 영향에서 벗어나게 도와준다. 다음의 방법을 잘 연습해 보도록 하자.

첫째. 자신의 태도가 삶에 주는 영향을 이해하자.

각자의 인생에서 삶에 대한 태도는 행복과 불행을 결정한다. 지금 마주한 상황은 바꾸기 어려울 수 있다. 하지만 그 상황에 대한 대응 방식은 바꿀 수 있다. 상황에 따른 선택을 할 때 그 선택을 긍정적으로 만드는 것은 외부의 힘이 아니다. 바로 자신의 태도이다. 힘든 스트레스 상황을 되돌아보면 자기 힘으로 바꿀 수 없을 때가 많다. 그 환경 자체는 내가 통제할 수 없다. 내가 처한 환경은 바꿀 수 없으나,

그 환경과 상황에 대한 반응은 내가 선택할 수 있다. 바로 그 선택을 긍정적으로 바꾸어 나가는 연습을 해야 한다. 이를 통해 긍정적 태도를 익힐 수 있다.

둘째, 긍정의 말로 바꾸어보자.

자신이 내뱉은 말대로 뭔가가 이루어지는 경우를 종종 경험할 수 있다. 노래 제목, 가사 속 내용과 비슷한 삶을 살게 되는 가수가 많다는 이야기를 들은 적이 있다. 물론 과학적 근거는 없다. 하지만 어느 정도 일치하는 것을 보며 신기했다. 사람들은 자신감 부족과 두려운 마음을 이렇게 표현한다.

난 할 수 없어.

내가 그럴 줄 알았지.

내가 하는 일이 다 그렇지 뭐.

앞으로 그냥 난 아무것도 하지 않을 거야.

특히 이런 말은 아직 다가오지도 않고, 결론이 나지 않은 일의 실패를 예감하는 언어다. 무엇인가 불가능하다고 생각하는 이야기를 내뱉으면, 실제로 뇌에서도 그런 생각을 하게 된다. 당장 이렇게 바꾸어보는 건 어떨까.

잠깐 스트레스 좀 풀고 올게요

그래, 난 할 수 있을 거야.

누구나 실수나 실패할 수 있는 거야.

처음엔 힘들겠지만 조금씩 노력해보면 좋아지지 않을까?

긍정 언어는 우리 생각도 그렇게 바꾸는 힘을 가지고 있다.

셋째, 자신의 강점을 찾아 격려해주자.

긍정을 이야기할 때 강점을 빼놓을 수 없다. 인간은 누구나 타고난 강점이 있다. 그 강점을 토대로 사고 감각을 키우는 것이다. 사람은 결국 행복에 대해 생각하고, 행복을 만들어나가려고 한다. 그런데 이를 방해하는 요소가 있다. 바로 단점만 보고 그것 때문에 우울해하는 자신의 모습이다.

안타깝게도 시간이 갈수록 단점을 발견하는 능력은 더 향상된다. 그래서 노력이 필요하다. 자기 힘으로 찾기 힘들다면 주변 사람이나 전문가의 도움도 좋다. 자신에게 있지만 미처 몰랐던 강점을 찾아보자. 강점은 생각과 태도를 변화시키는 힘이 있다. 스스로 칭찬하고 격려해주는 시간을 자주 만들자. 강점을 찾고 격려하는 것은 자신감도 회복할 수 있는 중요한 작업이다. 이러한 과정을 통해 저절로 긍정의 힘이 발휘되고 스트레스를 통제할 수 있게 된다.

사람이 살면서 각자 통제할 수 있는 것은 딱 두 가지라는 이야기가 있다. 바로 '태도'와 '노력'이다. 긍정은 당신의 태도를 순방향으로 바꾸어줄 수 있다. 행복감을 높이도록 노력하게 한다. 삶에 더 깊은 의미를 부여해준다. 그리고 타인과의 나눔에도 깊이를 더한다. 이를 통해 스트레스에서 오는 부정적 영향은 점점 멀어지게 된다.

감사의 강력한
효과성을 이용하자

감사는 스트레스 해소제로서 강력한 힘을 가지고 있다. 감사가 가진 힘은 기대 이상이라고 확신한다. 이 감사는 우리 삶에 여러 강력한 효과를 불러오기 때문이다. 그렇다면 감사는 어떤 효과를 불러올까?

첫째, 신체적으로 건강한 삶을 만들어준다.

감사만큼 효과 좋은 치료제도 없다. 평균수명이 길다고 하는 종교인들은 모든 일에 감사하는 생활을 습관화하고 있다. 감사의 자세가 종교인의 장수 비결이라는 연구 결과처럼 말이다.

TV의 건강 관련 프로그램에서 '감사가 만들어내는 기적'에 관한 내용을 방영한 적이 있다. 건강 관련 프로그램이 '감사'를 주제로 했다는 것은 그것이 건강에도 기적과 같은 역할을 한다는 결과를 보여준다. 만성신부전 환자들을 두 그룹으로 나누어 일반 그룹과 감사 생활 습관 그룹으로 나누었다. 이들은 염증 지표 변화에서 놀라운 결과를 보였다. 다시 말해 감사를 통해 건강한 삶을 오랫동안 지속할 가능성이 매우 커졌다. 구체적으로 인체의 면역 세포 자체가 튼튼해졌다. 암도 나을 수 있다는 결과를 보여주었다.

둘째, 감사는 뇌와 삶을 바꾸고 행복하게 할 수 있다.

감사하는 마음을 가지면 건강하고 행복할 수 있을까? 감사의 마음이 우리 뇌와 삶을 달라지게 할 수 있다는 사실이 국내 대학 병원 의료진에 의해 의학적으로 증명되었다. 30대 직장인에게 부모님에 대한 고마움을 떠올리게 하는 메시지를 5분간 들려주었다. 그러자 심장 박동은 안정적이고 표정은 편안해졌다. 그런데 동일인에게 자신에 대한 자책, 누군가에 대한 원망의 메시지를 들려주었다. 표정이 점점 굳어지고 심박 박동은 스트레스 상황처럼 증가하는 결과를 보았다.

심박수가 달라진다는 것은 뇌가 계속 변하기 때문이다. 뇌의 '보상 회로'는 즐거움을 관리하는 곳이다. 감사의 마음을 가지면 보상 회로가 뇌의 많은 부분에 연결되어 행복감을 잘 느끼게 된다는 것이 MRI 영상으로도 확인되었다. 보상 회로는 흥분되기도 하고 억제되기도 한다. 변화가 계속 반복적으로 나타날 때, 그것이 쌓여서 영구적 효과로 나타날 수 있다는 결과도 밝혀냈다. 평상시 원망과 불평의 마음을 자주 가지면 뇌가 이를 기억하여 행복감을 느낄 기회가 사라질 수 있다는 것이다. 얼마나 안타까운 일인가. 반대로 늘 감사하는 마음을 가지려 노력하면 우리 뇌가 변하면서 삶도 긍정과 행복으로 달라질 수 있다.

셋째. 감사의 표현은 긍정적 사고를 증가시키고 스트레스 수준을 낮출 수 있다.

긍정의 태도가 가져오는 스트레스 감소 효과에 대해 앞에서 이야기하였다. 긍정 감정은 내부의 동기와 자기조절 능력, 회복 탄력성의 증가와 관련된 매우 중요한 감정이다. 긍정성을 높이는 여러 요인 중 특히 '감사 표현'은 그 효과가 매우 크다. 긍정 감정과 생각의 발생을 촉진한다. 또한, 스트레스 수준 감소에 특히 효과적이다. '감사'는 우리의 정신 건강을 위해 더없이 중요하다. 정신질환의 발병 위험률도 낮출 수 있다. 삶의 만족도와 일상에서의 지혜를 높여주기도 한다.

이러한 감사 표현을 사용하지 않는 것은 우리에게 주어진 행복 효과를 스스로 저버리는 일이 아닐 수 없다. 처음엔 서툴러도 좋다. 분명 오글거리고 어색할 수 있다. 하지만 잠깐이니 참고 표현해보자. 먼저 자신에게, 그리고 옆 사람에게, 가족과 지인들에게 말이다. 그 이후의 변화는 우리가 만나던 스트레스 세상을 다른 관점으로 바라보게 해줄 것이 분명하다.

스트레스를 대하는 자세

"혜리야, 넌 참 잘 웃었어. 항상 긍정적이었던 거 같아."

졸업 후 10년이 지나 우연히 길에서 만난 대학 동창이 해주었던 말이다. 나름 긍정적인 면이 많은 사람으로 보였고, 나도 그렇게 생각했었다.

하지만 나는 걱정도 많고, 엄살도 잘 피고, 눈물도 많다. "진짜, 짜증나!", "이게 뭐야! 스트레스받아." 등의 표현을 자주 내뱉곤 했다. 짜증과 걱정은 내면의 불안감에서 시작되었고, 그 안에는 표현하지 못한 욕심이 존재했던 것 같다. 그것들로 혼란스럽기도 했다. 내 안의 스트레스를 잘 다스리지 못한 것이 이유인 셈이다.

강의를 하며 정말 많은 분을 만나왔다. 유독 사람을 잘 기억하는 나는 많은 분이 기억에 남아있다. 유난히 밝고 기분 좋은 에너지를 가진 분들이 생생히 기억난다. 가끔 '그분은 나를 기억하지 못하겠지만 참 좋은 분 같은데, 잘 지내시겠지?' 하며 짝사랑 느낌처럼 혼자 궁금해하고 떠올리기도 한다. 때론 그분들의 삶에 깊이 들어가 본 것은 아니지만, 힘들어 보였던 분들도 기억난다. 긴 시간의 대화는 아니지만 내면의 상처와 복잡함을 느꼈었다. 결국 그것들이 스트레스로 작용했을 것이다. 풀지 못한 숙제처럼 답답함을 스트레스로 안고 지내는 모습이었다. 결코 유익하지 않음이 확실했다. 주변에서도 스트레스로 인한 부정적인 감정으로 몸과 마음이 점점 가라앉는 상황을 목격하곤 한다. 결국 안타까운 성과나 결말이 소식으로 전해지곤 했다.

많은 사람을 만나며 경험했던 것들이 나에게 영향을 주었다. 그러면서 생각했다. 인생을 살아나가는 것은 결코 쉬운 일이 아니다. 누구나 나름의 최선을 다하며 지내는 것은 맞다. 그런데 그 과정에서 어떤 사람은 밝은 에너지로 긍정적인 삶을 산다. 또 어떤 사람은 유난히 힘든 삶을 산다. 일단 나 또한 시간의 흐름 속에 약간은 후자의 삶에 가까워지는 것은 아닌지, 의문과 걱정이 들기 시작했다. 이것이 스트레스에 대한 관심을 더 강하게 만들었다.

스트레스 관련 강의를 할 기회가 많아졌다. 사람은 누구나 행복과 건강, 성과 향상 등의 만족한 삶을 원한다. 바로 이것이 스트레스와 불가분의 관계라는 것을 알았다. 그리고 스트레스는 개인이나 조직에서도 굉장히 중요한 요소임을 깨달았다. 더욱 관심이 커졌고 관련 자료를 여러 방면으로 찾아보게 되었다. 일반적으로 어렵게 느껴지는 것이 많았다. 또 어떤 한 분야에만 국한된 책이 더 많이 보였다. 그러면서 감히 상상했다. 여러 분야를 함께 녹여내며 쉽게 접할 수 있는, 그리고 도움이 될 수 있는 책을 써보고 싶었다고. 나와 주변 사람에게 조금이라도 변화의 영향을 줄 수 있는 책이면 더 좋겠다고 말이다. 일단 나 자신이 스트레스를 잘 다스릴 수 있으면 좋겠다는 바람이 사실 컸다.

책을 출간하겠다는 나름의 의지를 갖추려고 노력했었다. 쉽지 않을 거라고 익히 예상했지만 역시 쉽지 않았다. 특히 가족들에게 알리지 않고 비밀리에 틈틈이 작성하는 일은 더 어려웠다. 책을 쓰기로 마음먹은 후 장시간 운전으로 이동하는 일정이 많았다. 핑계일 수 있지만 절대적 시간의 부족이라며 혼자 합리화하기도 했다. 나름 애가 타는 시간이었다. 하지만 처음에 결심한 것이 있다. 적어도 스트레스 관련 책을 쓰면서 그 과정에서 스트레스는 받지 않겠다고 말이다. 최소한 내가 지켜야 하는 나름의 양심과 규칙이라 정한 것이다. 사실 큰 도움이 된 내면 규칙이었다.

어느 순간, 나는 대학 동창이 이야기했던 '참 잘 웃고 긍정적인 모습'과 거리가 멀어지고 있었다. 성장의 욕구, 육아 스트레스, 일과 관련된 모든 부분 등에서 혼자 만드는 나만의 스트레스를 키워갔던 것이다. 그래서 더 건강하고 행복한 삶이 나에게도 필요했다. 주변에 여러 이유로 힘들어하는 지인들이 많아지는 것 같았다. 그 스트레스가 고스란히 나에게 전달되기도 했다. 나와 주변 사람 모두에게도 필요한 일을 하고 싶었고, 이 책에 그런 내용을 담고 싶었다. 그 과정에서 스스로 학습하고 노력하는 부분들을 상상했다. 긍정의 모습으로 변하고 싶었다. 그리고 어느 정도 스트레스를 알아가고 조금씩 큰 산을 넘을 수 있다는 즐거운 상상도 했다. 이 과정 자체가 힘들었지만, 지금은 감사하다. 다시 긍정적인 나로 되돌아가는 시작을 열 수 있었던 것 같다.

　마지막으로 강의 초기 시절 나름대로 강의 내용에 넣으려고 구성하고 자주 사용하던 4자 문구를 소개하고 싶다. 이 주제로 긴 시간 워크숍을 했던 기억이 생생하다. 아직도 가끔 강의에 활용하기도 하고, 몇 년 만에 연락하신 분께서 이 이야기를 하기도 하신다. 바로 '소청인발'(笑聽認發)이다. '웃으며 들어주고, 인정하고 발견하자'는 뜻이다.

어떤 관계에서도 서로에게 웃음을 보여주고, 상대의 이야기를 잘 들어주며, 자기와의 다름을 진심으로 인정하고, 서로의 강점을 발견하려고 노력한다면 어떨까? 그 관계성은 한 단계 더 높이, 가까워질 것이 분명하다. 이로 인해 스트레스는 당연히 감소하고 긍정 감정의 기본을 만들 수 있을 거라 확신한다. 또 하나, 자신에게도 '소청인발'을 적용해보자. 스스로 만들어가는 스트레스의 굴레에서 벗어나는 좋은 방법이 될 것이다. 자신을 위해 웃고, 자기 생각과 욕구를 잘 파악하고 들어주어야 한다. 자신의 여러 감정과 상황에 대한 인정은 마음을 안정시켜 줄 수 있다. 자신의 장점과 강점에 대한 올바른 인식과 발견은 자신을 좀 더 나은 사람으로 만들어준다. 스트레스를 줄이고, 저마다 원하는 행복한 생활을 하는 데 기본으로 장착하면 좋은 무기로 생각해 주시면 좋겠다는 바람으로 이 글을 마무리한다.

2021년 3월
오롯한 내 공간에서

생활 속 스트레스 지수 진단

1. 옆 사람이 말한 농담에 다들 즐거워하는데 나는 벌컥 화가 난다.

2. 물건을 구입할 때 직원이 나에게 함부로 하는 것 같아 언성을 높인 적이 있다.

3. 기분이 조금이라도 상하면 나도 모르게 표정에 확 드러난다.

4. 친한 사람과 일상 대화를 나눌 때는 괜찮았는데, 밤새 그 이야기가 걸려서 잠을 설친 적이 있다.

5. "아, 짜증 나." "진짜 스트레스받아."라고 말하는 날이 많다.

6. 상대가 "괜찮아?"라고 물었는데 "지금 말장난해? 내가 괜찮겠어?" 하며 마음 상한 적이 있다.

7. 걱정과 고민거리가 생기면 최소 3일 이상은 엄청 끙끙대며 고민한다.

8. 주어진 과제나 업무가 어렵게 느껴지면 아예 시작할 의욕이 사라진다.

9. 하루를 정리하는 메모나 일기를 쓴 적이 거의 없다.

10. 명상이나 조용한 집중의 시간을 가지는 사람을 보면 시간 낭비라고 생각한다.

11. 소리를 지르고 화를 낸 후 "내가 왜 그랬지...." 하며 후회한 적이 많다.

12. 고민이 생겼을 때 당장 전화해서 "너무 속상해...." 하며 이야기할 사람이 떠오르지 않는다.

13. 폭발 진전에 어떤 음식, 운동, 사람 등을 생각해도 진정이 잘되지 않는다.

14. 주변에서 스트레스를 받는다고 하소연하면 해줄 말이 없어 "나도 그래."라고 하는 편이다.

15. 뭔가 하고 싶거나 기대되는 일이 별로 생각나지 않는다.

16. 나에게 자기 고민을 이야기하는 주변 사람이 거의 없다.

17. "스트레스를 받으면 어떻게 하세요?"라는 질문에 대답이 금방 떠오르지 않는다.

18. 앞으로의 일이나 생활을 생각하면 불안한 마음이 크다.

19. "나는 이런 걸 참 잘해!" "이런 좋은 점이 있어!"라고 자신 있게 말하기 어렵다.

20. 뭔가 생각하면 두통이 올 때가 자주 있다.

진단 결과

해당하는 문항의 개수를 세어주세요.

0~2개: 와우! 완전 긍정적이고 건강한 생활을 하고 있네요.

3~6개: 스트레스를 나름 잘 다스리고 있네요.

7~10개: 스트레스 지수가 조금 높아요. 조금 더 긍정적인 일을 만들어 보세요.

11개 이상: 생활 속 스트레스 지수가 매우 높습니다. 나름의 방법을 찾거나 전문
가와 이야기를 나누어 보시기 바랍니다.

잠깐 스트레스 좀 풀고 올게요

초판인쇄 2021년 4월 10일
초판발행 2021년 4월 10일

지은이 유혜리
펴낸이 채종준
기획 · 편집 신수빈
디자인 홍은표
마케팅 문선영 · 전예리

펴낸곳 한국학술정보(주)
주 소 경기도 파주시 회동길 230(문발동)
전 화 031-908-3181(대표)
팩 스 031-908-3189
홈페이지 http://ebook.kstudy.com
E-mail 출판사업부 publish@kstudy.com
등 록 제일산-115호(2000. 6. 19)

ISBN 979-11-6603-387-2 03320